JN016228

作家主義 婁燁

ロウ・イエ *Lou Ye*

A PEOPLE

作家主義 婁燁

ロウ・イエ *Lou Ye*

A PEOPLE

CONTENTS

「夢の裏側」より

文 溝樽欣二

僕が表現しようとした
あらゆる考えは
すでに作品の中で
明瞭に語っている
削除の痕跡が残る所も含め
全てを観客に観てほしい
だから公開されるに当たり
僕は今から沈黙を選びます
ぜひ劇場で観てください

　本書は、日本ではロウ・イエ監督の初めての書籍になります。ロウ・イエ監督は5年前、日本の雑誌（当社・小林淳一編集）のインタビューでこう語っています。

「何か不幸な出来事が起きてしまった場合、それを忘れずに記憶に留めておくことが重要」

　ロウ・イエ監督は、まさにそんな作品を撮り続けていると思います。それは、単なる社会的な映画ではなく。テーマ主義に陥った人間ドラマでもなく。ロウ・イエ監督は、冷徹な時代の移り変わり、その残酷な運命の中で、力強く生きる人々の息遣いにも似た、愛と

憎しみをリアルに描いていく。映像だからできる表現、その圧倒的な映像美で。

　私たちは、ロウ・イエ監督の作家性、映像芸術家としての創造の秘密（私たちにとってもちろん幸福なことであります）を、まさに記憶に留めておきたいと願っています。

　本書はまず、ここから始めます。
「シャドウプレイ【完全版】」のメイキングドキュメンタリー「夢の裏側」から。
　ロウ・イエ監督と一部の出演者の肉声を（日本語字幕抜粋）。詳しくはこのドキュメンタリーを観ていただくしかありませんが、序章として、静かな場所で文字だけをじっくり読んでいただければ幸いであります。ロウ・イエ監督の言葉、それは映像を喚起し、まるで私たちに語りかけるように心に響くに違いありません。

住民A
村の気候は確かに悪いわ。周辺より5度は低い。年間通して湿度が高くて。蚊や虫やネズミも多い。でも仕方ない。この再開発には汚職が絡んでると思う。再建したくても条件が折り合わないから彼らは納得してないのよ。

住民B
立ち退かないのは補償に不満なんだ。家を壊すなんて何代にも渡ってここで暮らしてるんだから。

住民C
私たちの家を高層のマンションに建て替えて余った土地を売って儲けるの。村の幹部の懐に入るんでしょう。

住民D

ひどい状況だ。取り壊しも中途半端で何年にもなる。

住民E

多くのよそ者が引っ越して来る。他は家賃が高いけどここは安いから。前の住居の大家は取り壊しをせずに家をいくつかに仕切って賃貸に出し収入を得てる。

以下ロウ・イエ監督

00：05：08：00

本物の洗村（シェン）で 本物の広州だ。でもサッカーをする子どもは役者。これがこの映画の基本スタイルだ。フィクションではあるが現実と緊密につながっている。だから広州全部が我々の現場で洗村は中心的な場所だ。まず創りたいと思ったのはそういう映画だ。今起こっている事は脚本にもある歴史や個人史、家族の歴史も。そして大部分は今現実に起きている事だ。

00：16：06：11

この作品は他の映画なら意識しない点にこだわる。なぜそこを歩くのか。なぜ今タバコを吸うのか。人の行為を撮る映画とも言える。どの映画もそうだがこの作品は特に……。カメラが具体的な行為を追っていく単純な方法だ。

00：22：33：13

脚本は200枚の写真がベースだ。以前はパワーポイントはメインでなく補助的に使っていただけだが今回は早くからビジュアルを先行させた。写真の雰囲気に基づいて脚本を修正するのはこの映画の特別なところだ。

00：27：03：05

かなり高度な技術を使っている。商業的なアクション映画に見える
かもしれないが実際に仕事に関われば分かる。それはあくまでも表
面的なもので実際は――人についての物語なんだ。人間の感情の物
語。行為に関する映画だ。その根本は変わらない。

00：37：29：00

制作の感覚の違いで新たな映画ができる。もし制作過程の感覚がい
つも同じで他の作品の時と一緒ならおそらく出来上がる映画も似か
よったものになる。

00：40：21：06

映画史には君が言うような俳優はいない。純粋な演者であるのみ。
夢を壊すようだがそれが現実だ。監督の仕事は単純ではない。単純
にやりたくても無理だ。純粋でもいられない。理想ではあるけど
ね。肝心なのは――何かをする時どんな態度でやり通すかだ。それ
が重要だ。

00：52：47：09

中国の現状を具体的な言葉で表すのは難しい。音楽や映画ビジュア
ルアートを的確に表現するのは無理だ。あまりにも複雑で。

00：54：22：06

助監督が何度も聞いたのに結局本物か。アクションシーンは偽ガラ
スだ。何でこうなる？
どうして嘘をつく？　どういうことか知りたい。撮影を止めたんだ
ぞ。分かるか？　撮影の邪魔だけはやめてくれ。それは基本中の基
本だろ。ゲームの基本ルールだ。誰でも分かるはずだ。
ルールは無いも同然か。撮影を妨害したんだぞ。ちゃんと理由を説
明してくれ。本物を嵌めてないと言うのか？　モデルルームカーと

家具の予算明細を出してくれ。今すぐ！

00：57：28：20

ふざけるなよ。2人前食うなと言っておけ。おい聞こえてるか。食事が出てないから撮影部は出払ってる。いないよ。何やってるんだ。重労働だぞ。いい加減にしろ。どうなんだ。何だと？　二度とあってたまるか。どうかしてるぞ。バカじゃないのか。俺を怒らせるなよ。制作部の大失態だろ。制作が謝れ。今すぐ！

00：59：14：09

制作部が現場を管理するには基本的な価値観が大事だ。まず人としての生活。それが基本。
次にラインプロデューサーは全ての部門の細部を理解すべき。何も知らないでは済まない。
撮影監督と監督の仕事の全体の流れを把握すべきだ。それが普通の認識。そして少なくとも監督や撮影や美術の仕事内容を理解すること。準備をいつ始めどれだけ時間と労力が要るか理解していて当たり前。その次は もう1段階進むこと。この監督ならどう仕事するか。撮影監督はどうか把握する。それは次の段階。以上の段階の初歩にも達してない現状。これが中国の映画製作の普遍的な現実だ。

01：05：59：01

マネージャーの采配が悪いとはっきり言って役者に大きく影響する。当然だ。こんなことが何度もあって言えないけどとにかく頭にくるわけだ。1日欠けても影響がある。

01：08：30：21

たそがれ時の光でこのシーンは十分美しい。撮影に8日使うのは自然光の効果が狙いだ。作った照明だと場面が浮き上がってしまい画のきれいさが目立つだろう。照明を感じさせない。ドキュメンタ

リー風に。不可能なのは分かってるが事件が起きた瞬間をちょうど撮ったような感覚。強烈なドキュメンタリー感が重要なシーンだ。心配するのは特別重要なシーンだからだ。実際に起こっていると観る人に思わせたい。この場所ならあり得る。いかにも事件が起こりそうだと。ドキュメンタリー性を壊したくないんだ。

01:12:33:20

この撮影がうまくいけば洗村の最後の光景を撮ったことになる。来年には もう無くなってる。我々が目にする最後の洗村の景色だ。

01:22:51:09

全ての罪には発火点があるもので必ずいつかは爆発の日が来る。

01:24:41:22

2つの異なるものを一緒に切っていく。つまり、それがこの映画のサウンドの作りかた。
そういう方針だ。自由でいい。何の伏線もなく2つをつなぐ。それでいい。大体の感覚はつまりカメラが記録した生の映像をつなぐだけ。そんな感覚が大切だ。

01:29:11:01

映画製作は基本的な権利だ。検閲に脅かされず自由に表現することは憲法が定める自由、芸術家の創作の権利だ。だが半世紀来の検閲制度でこの地域の芸術家たちは検閲に慣れてしまいそして中国の観客を二流の観客にしてしまった。見るべきものが見られない。権利があるのに。観客に対する侵害だ。

01:29:58:18

暴動は極限まで抑えた。1フレームも削れない。その部分の削除は論外だ。今回は絶対譲らない。要求されても——。絶対に残す。燃

える死体も。向こうが本気なら公開しない。それまでのことだ。見るに耐えない妥協版なら上映しない方がましだ。

01 : 30 : 44 : 00

映画が完成しても監督には——最も手ごわい仕事。検閲への対応がある。検閲は映画のレイティングをはるかに超え、性描写や暴力のみならず、思想にも制約をかける。まさに典型的な検閲制度だ。言い換えれば検閲を通りかつ作家性を保てるなら基本的な人間性は破壊されてる。監督は解決策を考え問題に対処してすり抜け検閲を上手にごまかしどうにか通して興行にこぎつけていく。そういう作業は監督にダメージを与える。なぜなら明らかにイデオロギーのゲームだからだ。それは決して監督の仕事ではない。

01 : 34 : 28 : 22

検閲で2年かかったことをご存じでしょう。度重なる修正や削除が続き僕にとって最大の難関はプレミア予定のわずか4日前、全国公開の7日前まで続いた——修正の要求でした。
大変な目に遭いましたが公開を明日に控えあまり話したくない。ただ僕の想いとしては多くの人が携わり心血を注いだこの作品を無事に公開したい。僕が表現しようとしたあらゆる考えはすでに作品の中で明瞭に語っている。削除の痕跡が残る所も含め全てを観客に観てほしい。だから公開されるに当たり僕は今から沈黙を選びます。ぜひ劇場で観てください。

サタデー・フィクション

構成 児玉美月

カメラは本来的に窃視的なまなざしを抱え込んでおり、
あらゆる映画においてそこに映し出される者たちは
“覗かれている”という感覚から自由にはなれません。

　光が明滅した舞台の上、幕開けとほぼ同時に流れ出す音楽に合わ
せて役者たちが踊りはじめる。ロウ・イエ監督作「サタデー・フィ
クション」(19) は第二次世界大戦前夜の時代、日本軍の占領を免
れた上海の英仏租界“孤島”と呼ばれた地を中心に据え、これまで
彼が幾度となく撮ってきた政治と愛の映画を完成させた。かつてフ
ランスの諜報部員であるフレデリック・ヒューバートに救われた孤
児であった有名俳優とスパイの顔を持つコン・リー演じるユー・ジ
ン、舞台演出家及び蘭心大劇場の支配人であるマーク・チャオ演じ
るタン・ナー、日本から上海へと訪れた海軍少佐のオダギリジョー
演じる古谷三郎、海軍特務機関に属する中島歩演じる梶原をはじ
め、複数の登場人物たちが複雑な人間模様を綾なしてゆくのもま
た、過去の多くのロウ・イエ映画を彷彿とさせる。

　日本で初めて劇場公開されたロウ・イエ監督による初期作「ふた
りの人魚」(00) では同一人物だと思われる女性を追う語り手＝主
人公をカメラに憑依させ主観ショットで物語を紡いでゆく手法を取
り、あるいは「ブラインド・マッサージ」(14) ではアウトフォー
カスを効果的に用いながらマッサージ院で働く視覚障害者たちの知

覚を追体験させるなど、ときに実験的なまでに映画という芸術の持ちうる表現の可能性を探究してきた作家でもある。そして「天安門、恋人たち」(06) をはじめ政治的な題材を映画に取り入れてきた映画作家であるロウ・イエの名と並んで度々語られるのは中国当局との検閲の問題であり、彼の映画とそうした政治性は決して切り離せない。しかしながらロウ・イエの映画は審美的な側面を強く持ち、一貫してこだわりつづけている手持ちカメラによるドキュメンタリータッチの映像に創造的果実を十全に実らせてきた。

　ロウ・イエ作品の映像美を支えていた鮮やかな色彩が今度は白と黒の二色のみになった「サタデー・フィクション」は、日本人の役者が出演し、日中戦争前夜の時代の上海を描いたおよそ20年前の「パープル・バタフライ」(03) の再来ともいえるかもしれない。「サタデー・フィクション」の "劇中劇" の形式における映画内現実と虚構という二項対立は、映画がこの現実を虚構としてどう描けるかという始原的な問いに立ち返らせる。それはロウ・イエ作品が主題として抱え込む中国社会の表と裏、もしくは人間の二面性といったものの変奏でもあるだろう。「サタデー・フィクション」は映画の開幕と終幕を役者たちの主戦場である舞台という場で結ぶ。その終幕、全てが過ぎ去って無惨に倒れている者たちをかたわらに草臥れた身体を寄せ合う女と男を捉えるショットは、カットされぬままカメラが移動し、音楽を演奏する人々やダンスに興じる人々を映し出す。そこでは限りなく、残忍な現実と幸福な虚構が溶け合ってゆく。愛はたえず成就の可能性を胚胎しながら、やがて離散してしまう宿命にあったかもしれず、言語化しえない両義性の前でわたしたちを彷徨させてきたロウ・イエの映画の真髄に今、少しでも近づいてみたい。

——まず初めになりますが「サタデー・フィクション」の企画はいつ、どういったきっかけで始動したのでしょうか?

いつも次の作品が決まるときは、偶然的な要素が重なることが多いのです。昔、この映画の原作者であるホン・インと一緒に仕事をする約束をしたのですが、なかなか良い機会に恵まれませんでした。「サタデー・フィクション」の企画が立ち上がったのは、ちょうど前作の「シャドウプレイ【完全版】」(19)が当局の検閲から繰り返し修正を求められていた時期でしたね。問題なく公開されるかも定かではなく、したがって製作チームも疲弊していた状況でした。私はもともとホン・インの小説が好きだったものの、「上海の死」は彼女の最高傑作とはいえないため、発表されてからすぐには読んでいませんでした。しかしこの映画化の話が舞い込んでから読んでみると、映画監督として「上海の死」には強く惹かれるところがあったのです。1つ目は劇場が舞台であるということ、2つ目は"劇中劇"が含まれているということでした。それで、すぐに引き受けることを決めたのです。

　──脚本を担当したのはこれまでも過去作品である「ブラインド・マッサージ」や「シャドウプレイ」で組んできたマー・インリーさんですが、どういったプロセスによって完成稿へと向かっていったのかを教えてください。

　もちろん小説はなんら手を加えずに映画化することはできません。まずは上海、ホン・イン、そして私が求めているものをよく知っているインリーに映画化のための調整を行いながらたたき台を執筆してもらいました。インリーに脚本を担ってもらうことで、女性の視点から小説にある一部の観点を留めながら補い、展開したかったのです。

　──マー・インリーさんは女性の脚本家の方ですね。"小説にある女性の視点"とは、具体的にどういった部分だったのでしょうか?

ホン・インの小説では、ヒロインが二面性を備えた人物として登場します。ホン・インとマー・インリーはかねて親交があり、同世代の女性同士でもあります。したがってインリーは、小説の成り立ちや時代背景などまで深く理解できていたのです。「上海の死」はホン・インにとって自身の肖像画のような物語であり、そこには秘密めいた私的な要素が凝縮されている。女性のきめ細やかな心情を、インリーは女性としてよく掬い取っていると思います。「上海の死」における女性イメージに関して、インリーは共感性をもって、忠実に映画の脚本へと落とし込めてくれました。

――原作にはホン・インの「上海の死」だけでなく、横光利一の「上海」もクレジットされていますね。

　インリーは脚本における"劇中劇"の部分を、横光利一の小説「上海」に置き換えました。「上海の死」という原作を徹底的に組み換えて、この小説を映画として成立するテキストとして生まれ変わらせたのです。劇中劇に対応する2つのテキストにおける間テクスト性を再構築し、伝統的な意味での文学の映画化のみならず、この映画をオリジナリティー溢れる視覚作品へと近づけさせました。これは「ブラインド・マッサージ」につづき、インリーによる実験的な翻案作品といえるでしょう。ほかに、アンドレ・マルローの「人間の条件」、郁達夫「春風沈酔の夜」、魯迅のエッセイなどの要素も含まれています。そして、上海に実在する"蘭心大劇場"で撮影するためにも手を加えていきました。「上海の死」は上海と租界地区の劇場を描いた小説ですが、それは私の幼少時代と関係があります。

――ロウ・イエ監督自身も、劇場で幼少期を過ごされたとお聞きしました。

　そうです。私自身も演劇の家に生まれ、ほとんど上海の劇場の楽

屋で育ちました。そうした生い立ちもあって、"劇中劇"の主題に
興味を持っていたのです。蘭心大劇場での撮影中、父が現場に訪ね
てきたことがありました。その結果、私がほとんどの時間を蘭心大
劇場の楽屋で過ごしていたことが分かりました。父はまるで家に
帰ってきたかのように劇場に入り、劇場の全ての通路と化粧台の場
所を知っていました。これは私たちを大変驚かせました。

――今回、久しぶりの上海での撮影になりましたね。

2003年の「パープル・バタフライ」から20年近く、上海で映画
を撮影していませんでした。「天安門、恋人たち」では中国東北部
の北京、武漢、重慶、そしてベルリン。「スプリング・フィーバー」
(09)では南京、「パリ、ただよう花」ではパリで撮影を行いまし
た。ただ、上海に戻って映画を撮る機会をずっと待ってはいまし
た。まさか「サタデー・フィクション」で上海に戻ってくるとは
思っていなかったですね。

――もしかしたら私的な過去の記憶といった側面も反映されてい
るのかもしれませんが、今回はロウ・イエ監督にとって初めてのモ
ノクロ映画となりました。なぜモノクロ映画にしたのでしょうか?

実は「パープル・バタフライ」をモノクロ映画として撮るという
案もあったのです。しかし撮影した2003年当時、すでにモノクロ
映画はほとんど撮られなくなってしまっていたので、様々な面でコ
ストがかかり、断念せざるを得ませんでした。私にとって、モノク
ロ映画を撮ることは映画作家として一つの夢でもありました。映画
史はモノクロ映画によって幕を開けましたからね。ただ、モノクロ
映画は"色のない映画"と決して同義ではありません。白と黒も色
の一種であり、"カラー映画"と名指せるとも思うのです。

──ほかのカラー映画と撮影方法は違いましたか？

　この映画はカラーとモノクロの両方で撮影していたので、モニターもそれぞれ2台設置していました。撮影中は衣装や小道具などのミザンセーヌを、モノクロの方のモニターでチェックしながら撮影していきました。

──「サタデー・フィクション」ではコン・リーさんが"女優"と"スパイ"という表と裏の顔とでもいうべき役柄を演じています。ロウ・イエ監督は初期作の「ふたりの人魚」でも、1人の役者が二役を演じていましたよね。「スプリング・フィーバー」では同性愛者の顔と異性愛者の顔をもつ男、「二重生活」では妻の夫であり愛人の男でもあった男が登場していますし、監督の映画では常に登場人物たちが二面性をもって描かれてきたと思います。監督はそうしたご自身の映画の人物造形に関してどうお考えでしょうか？

　実は、とくにそうしようと意識してきたわけではないのです。人間は多面的な存在ですが、なかには一面しか見せずに人生を終える人もいるかもしれません。ユー・ジンもまた、様々な顔を持つそうした人間として描こうとしました。ちなみにコン・リーさんは「パリ、ただよう花」をパリで撮影していた当時から、ずっと一緒に映画を作りたいと熱望していた女優でした。ちょうど「サタデー・フィクション」の主人公が大女優の役柄だったこともあり、自然にユー・ジンにはコン・リーさんが思い浮かびました。

──スパイという職業は何者かのフリをして相手を騙すという意味において、役者とも類縁性があると思います。「サタデー・フィクション」でスパイと演劇を結びつけたのはなぜでしょうか。

　人間という観点から見ると、スパイは隠蔽、欺瞞、陰謀、嘘、裏

切り、暗殺、暴力などに関連しています。これら全てが人間性への挑戦ですが、あらゆる薄暗い行動はある種の"より高い原則"のもとで"正当化"されて然るべきなのだろうか？　その本質的な反人間性は払拭できるのだろうか？　また、個人的行動の偶発性はどのように歴史の不可逆性を導いたのか？　これら全ては疑問視され、探求され、熟考されるに値する事柄であります。しかし同時に、このような思考は無意味でもあり、スパイにとって、あるいは仕事に携わる人間にとって、行動や実行の方がより重要かもしれない。それが私の関心事です。なぜならば、それはアイデンティティーのパフォーマンスなど、役者自身の疑惑に触れてさえいるからです。

──映像面でいえば、スパイ活動を映画に導入すると自ずとそこに窃視的な映像を招き入れることになるかと思います。「サタデー・フィクション」にも誰かから見られている登場人物たちのショットが随所に差し込まれていますし、それはスパイではなく探偵や警察による捜査の要素があった「シャドウプレイ」や「スプリング・フィーバー」でも取り入れられていました。

　カメラは本来的に窃視的なまなざしを抱え込んでおり、あらゆる映画においてそこに映し出される者たちは"覗かれている"という感覚から自由にはなれません。したがって人間の行為の全ては必然的に"演じる"ことになる。「サタデー・フィクション」でも"演じる"という行為が中心にあります。そこでは自分がどういう人間なのか、あるいは何をしているのかは問題ではなく、自分が"誰"を演じているのかが核なのです。ユー・ジンが終幕間際でもう自分はこの役はやりたくないのだと言いますよね。つまりそれは、別の人間に生まれ変わりたいという意味です。その後に激しい銃撃戦が起こっていくわけですが、ユー・ジンはそのアクションをもって自分自身を変えられるかの闘いをしているわけです。そこではユー・ジンはもはや誰も演じておらず、ただ自分として、自分のために銃

を撃っているのです。

──そして最後は、その銃さえ手放すわけですね。ユー・ジンは果たして"誰"なのかわたしたち観客も撹乱されますし、「サタデー・フィクション」ではほかの人物たちに関しても真意を隠しているように見えます。ロウ・イエ監督がこだわりをもっている手持ちカメラは、鑑賞者が彼らの内心へと手を伸ばして本当の感情を探っているかのような触知的な肌理を映画にもたらしているように思えます。

　そうですね。その人物に接近し、視線や心理状態をしっかり捉えるために今回も手持ちカメラを使っています。

──多面的な存在である人間をスクリーンにどう映し出せるか、という問いとも関わってくると思うのですが、ロウ・イエ監督の映画はこれまで"鏡"を象徴的なモチーフとして扱ってきたと思います。たとえば「天安門、恋人たち」では鏡は少女から女性への通過儀礼の道具であり、「スプリング・フィーバー」でも登場人物たちが自分の別の顔を確かめるかのように何度も鏡を覗き込んでいました。「サタデー・フィクション」では物語上に"マジックミラー計画"があり、そこでマジックミラーが派手に割られるシーンにはとても驚かされ、今回はこういうふうに鏡を使ってきたのかと思いました。鏡は映画的なモチーフとして映画のなかで頻繁に用いられてきていますが、ご自身の作品ではどのような機能を果たすために扱われているとお考えですか？

　私は現場では撮った場面を俳優には見せないんですね。俳優たちは鏡で自分たちがどう映っているのかを確認します。ですから、私の映画で鏡はその意味でも大きな役割を果たしているといえるでしょう。また、鏡は目の前に立つ人を変えていくこともできる。

「サタデー・フィクション」ではマジックミラーの向こう側に別の人間がいます。つまり、画面内で視点が多層化しているということです。そうして別のまなざしが潜んでいるにもかかわらず、そこにいる人間には可視化されていない。たとえば何かを察知した梶原は壁のように見えるマジックミラーへと手をかざして、一枚を隔てた先にいる人間の気配を無言で感じとります。鏡を割る行為には危険が伴いますが、「サタデー・フィクション」においてその行為は全ての災難を告げる合図のアクションとなっています。

――「サタデー・フィクション」は政治を絡めた上質な恋愛ドラマでもありますが、鏡の崩壊が契機となり、アクション映画へと一挙に転調しますよね。

　鏡を割るアクションは映画にとって、もっとも重要な転換点なのです。劇中に古谷が無線通信上の更新された呼出符号を読み上げるシーンもありますが、この映画では鏡だけでなく暗号もまた固定化されておらず、常にその指し示す意味は変化していきます。そうした移り変わってゆくモチーフによって、人と人の関係における流動性を表そうとしました。真実は誰にもわかりません。ユー・ジンはヒューバートに嘘の暗号を伝えましたが、そうではなく本当の暗号を伝えていたとしても人間の運命は変えることはできないと思っています。

――その重要なシーンで活躍した日本人俳優2人については、どのように選ばれたのでしょうか？

　キャスティングは脚本に合わせて行われました。「パープル・バタフライ」では日本人役には日本人を配し、「シャドウプレイ」でも同じく香港人役には香港人を配しています。台湾人役であれば、実際の台湾人を。私はずっと変わらず、そうしてキャスティングし

てきました。

——現代において当事者キャスティングに関する議論はますます先鋭化していますが、ロウ・イエ監督は「ブラインド・マッサージ」でも主要キャスト以外のマッサージ院で働く視覚障害者には全て当事者を起用なさっていましたね。まずは、オダギリジョーさんについて教えてください。

　最初からご出演いただくことを決めていたのは、オダギリジョーさんでしたね。キャスティング当時は本当にご一緒できるかどうか不確かでしたが、古谷三郎という役の重要性は私自身も強く意識していましたから、オダギリジョーさんが演じることがきわめて大事だったのです。彼が「サタデー・フィクション」を左右すると言っても過言ではありません。また、ユー・ジンの両面鏡的な人物像を構築する最も中心的な存在です。

——梶原役の中島歩さんは威厳を纏っていて、不甲斐ない男性だったり、とりわけ女性に対して不誠実な男性だったりといったような役柄を多く演じている印象のあった日本映画におけるペルソナとはやや異なって見えました。

　梶原役の中島歩さんには、古谷三郎の暗闇と暴力の"影"を探究してほしかったのです。中島さんはオンライン上でオーディションを行なって起用になりましたが、そのときは優しく紳士的な雰囲気だったためにそういった"影"をこなしてもらえるかどうか、一抹の不安が過りました。しかしカメラに映った中島さんにはとても驚かされ、懸念は一瞬にして払拭されました。今回は多くの優秀な役者たちと映画を作れて光栄でした。監督として自分が好きな役者さんと仕事をするのは、幸運で楽しいことです。

——さて、「天安門、恋人たち」でロウ・イエ監督は濃密な性行為をスクリーンに投錨させました。それは画面外においても検閲という政治の問題と関わっており、さらに画面内では学生運動時代の政治的開放と性的解放が結びつけられ、監督の映画では常にセックスと政治が不可分であるように思われます。「ブラインド・マッサージ」では社会が不可視にしている障害者の性を現前させていますし、同性愛行為が禁じられていた中国における「スプリング・フィーバー」の性描写も間違いなく政治的なものです。前作の「シャドウプレイ」も湖畔での男女の性行為から始まっていましたが、一見「サタデー・フィクション」で赤裸々な性描写は後景化しているように見えます。何か理由などはあったのでしょうか?

「サタデー・フィクション」では登場人物たちが多くの秘密を抱えています。私は鏡の後ろからそれらを覗くような格好で、人間の秘密を捉えようと思いました。劇場という空間のなかで全ての物事が起きるので、その舞台の背後に何があるのかをそうして覗いていこうとしたのです。劇場を舞台にしたこの映画は劇場に関わる者たちの物語なので、性愛に関しても直接的に描くのではなく、"劇"に託しています。

——「サタデー・フィクション」では"劇"が多くの比喩となっているのですね。着ている衣服を脱いで身体を露わにする性行為が排されていることと、登場人物たちの秘密の全てが流露されずに秘匿されつづけることは、どこかで繋がっているような気もします。

そうですね。また、「サタデー・フィクション」では性描写が銃撃戦によっても代替されています。今回は映画にとって伝統的な表現をもって性愛を描写しようとしました。そこで私は映画的な対話を試みたのです。

——ロウ・イエ監督の映画には、映画という芸術がもつ歴史や伝統に対する目配せが色濃くあるように思います。監督が多用される〈雨〉の表現もまたそうした意識上にあるのかもしれませんが、「スプリング・フィーバー」では序盤から花を濡らすようにして雨が滴っていましたし、「パープル・バタフライ」でも男女が踊っている楽しそうな場面での篠突く雨は印象的でした。「サタデー・フィクション」はディエジェシス的音楽だけが流れる映画なので、とりわけ雨の奏でる音は際立っていました。

　撮影が進むにつれて明確になっていきましたが、クランクアップしたときに「サタデー・フィクション」は劇伴のない映画にしようと決めました。これまで多くの効果をもたらすために、映画は雨を使ってきました。モノクロ映画のなかでも雨が忘れ難い作品は数えきれないほどありますが、たとえば黒澤明監督の「七人の侍」(54)は最後の決闘場面で雨が降ってきます。雨は「映画とは何か」という問い、すなわち映画の起源自体に関わってくるものだと思っています。私自身、雨が好きなのは、雨の多い上海で生まれ育ったからかもしれません。雨が降ると気分が穏やかになりますし、家のなかから雨をずっと眺めていることが好きだったので、映画のなかでも雨を降らせるのでしょう。

——ロウ・イエ監督の映画において雨は負の感情を表徴したり、ドラマティックな演出を施したりするだけのものでない複雑さを湛えているように感じます。「サタデー・フィクション」でもとくに終盤ではずっと雨ですが、私はバイ・メイとユー・ジンの2人の女性が一晩を共に過ごしたシーンの雨がとくに素晴らしいと思いました。雨がまるで2人のその時間をラブシーンに仕立て上げているような気がしたのです。

　そうですね。「サタデー・フィクション」では雨はロマンティッ

クであると同時に危うさも含みこんでいるので、非常に両儀的なものかもしれません。

——「サタデー・フィクション」のなかでユー・ジンが彼女と外見が似ているといわれる古谷の妻の美代子になりすまして怪我で弱った古谷と話すシーンも、素晴らしかったです。マジックミラーを通して密かに彼らを監視する人間たちがいるにもかかわらず、そのポジションからのPOVショットなどはなく、ユー・ジンと古谷にカメラが極端なまでに寄り、終始2人を映すショットはクロースアップが選び取られていました。ユー・ジンは古谷を陥れる作戦を実行しているのに画面がハイキーなことも相まって、2人にとっての幻想的な親密圏がそこに築かれているように見えました。

　私はユー・ジンと古谷のそのシーンを、ラブシーンだと思いながら撮っていました。今おっしゃっていただいたような撮り方は、まさに愛の表現なのです。古谷とユー・ジンのあわいに恋愛のような何かが生起されてもおかしくないと抱かせるシーンであり、いずれにしても深い情動によって支えられた重要なシーンだと捉えています。「サタデー・フィクション」でこのような微かな愛の可能性を孕むシーンはほかにもあり、ユー・ジンと古谷が蘭心大劇場の裏で銃を構えて対峙するシーンがそれにあたります。そこではもしかしたら解決の手立てを摑めたかもしれなかった2人が、永遠にその機を逸してしまうのです。ユー・ジンがバーに行こうかどうか悩むシーンなどにも、そうした愛の分水嶺が託されています。

——ロウ・イエ監督の映画には、一貫して愛に対する哲学があります。「サタデー・フィクション」の終盤ではゲーテの本「若きウェルテルの悩み」に「愛する人に愛されたいと願うのは、愛ではなく虚栄心である」というニーチェの言葉が記されていますが、最終的にその引用がなされた書物は路上の廃棄物のなかに打ち棄てら

れてしまいますね。つまりその言葉をたんに肯定の意味のみをもって映画に引用したわけではないように思えました。この映画における〈愛〉とは、いったい何だったのでしょうか？

　ユー・ジンにしても古谷にしても、登場人物それぞれに別々の愛に関する観念があるように思います。そのシーンに関しては、撮影する前に美術部にはその本を捨てる廃棄遺物置き場を"歴史のゴミ箱"のように作ってほしいと指示していました。

――"歴史のゴミ箱"とは、とても素敵な表現ですね。画面が白黒であることもまた、歴史化を助長しているように見えます。映画の時代設定である太平洋戦争前夜の1940年代初頭からはもちろん、映画の撮影時から日本公開時までの間にも世界の有り様は一変しました。

「サタデー・フィクション」は2018年に撮影したので、当時はまだ新型コロナウィルスによるパンデミックが世界的に広がる前でしたが、混乱の時代に愛というのは脆弱なものです。アメリカで「サタデー・フィクション」が上映されたとき、「監督はコロナ禍についてどう考えているのでしょうか？」という質問が出ました。私は「映画は重要ではない。そして愛も重要ではない」と答えました。映画よりも愛よりも、さらに深刻なことがこの現実に起きてしまっている。だから映画も愛も、もはや重要ではないのだ、と……。しかしこの映画のラストシーンでは、劇場のなかで誰もが愛のために踊っているのです。

――映画では愛についての言葉が放擲されながらも、人々は愛のために終幕まで踊りつづけてもいる。それはもしかしたら監督自身のコロナ禍を経由した後の愛に対する所感を、先取りしていたのかもしれません。生涯を通して映画製作に身を捧げ、そしてそのなか

でたえず愛について語ってきた監督のその言葉には重い響きが伴って聞こえました。最後に、新作についてお聞かせいただけますか。

　実は先週ようやく撮り終えたのですが、新作は中国のロックバンドのドキュメンタリー映画です。音楽関係のドキュメンタリーは初めてでしたが、被写体に介入しないよう劇映画とはまったく撮影方法も変えました。楽しみにしていてください。

（通訳　樋口裕子）

「サタデー・フィクション」2019年ヴェネチア国際映画祭でのプレミア

シャドウプレイ【完全版】

2016年に撮影したときには予言でしたが、
今やそれは現実になってしまいました。

──メインの撮影現場になった"シエン村"に関して教えてください。

　そこは広州のビジネス街に囲まれた「村」で、空間的に非常に特別な場所でした。高層ビルが建っている中で昔のままの「村」が残っています。そんな珍しいロケーションから、「シャドウプレイ」を作る発想を得たんです。もしこの場所に出会わなかったら、この映画は撮らなかったと思います。全ての出発点は「村」ありきでした。村から周囲のビジネス街のオフィスまで5分以内で歩き通せるんです。つまりその場所は5分で30年前の中国から現在の中国までを一気に行き来できる。そのことに非常に不思議な感覚を覚えました。それで映画を通して、それぞれの時代のスピードと落差、そして異なる年代でありながらも、同じ場所で物事が起きているという不思議な感じを表現したいと思いました。そのような場所に生きる人々への影響も非常に大きかったと思うので、その機微も描きたかったわけです。この物語は実際に起きた事件をベースにしていますが、人間関係の描き方はオリジナルで作り上げたものです。「村」は非常に複雑な場所で。周辺との関係、政府との関係、実業家や官

僚との関係、その他さまざまなことが入り乱れて、この「村」に凝縮されている。つまり「中国の生きた標本のような地区」でもあるんです。そこにジャンル映画の要素を持ち込むことによって、個人的なことが描けるかもしれないと思ったわけです。社会的な事件を背景としながらも、人と人との関係、なにより「人間」をしっかりと描くこと、それが僕の目標でした。

――エンディングでは実在の人々が当時撮影した写真と映画の場面が並列して映し出されています。あれらの写真を、どのようにして監督は目にすることができ、また集められたのでしょうか？

　恐らく2014年か15年くらいでした。この企画が始まる頃、実際にはまだこの映画を撮ると決定していなくて、全ては未確定の段階にあったとき、スタッフが、僕が昔よく見ていた懐かしい写真を出して見せてくれたんです。そしてそれが「シャドウプレイ」制作のスタートとなりました。ベルリン国際映画祭に寄せた"監督のメッセージ"でこれらの写真について、次のように書きました。

「シャドウプレイ」は中国の改革開放の時代を長いスパンで描いた物語だ。脚本を書き始めるにあたって、まるで沸騰するようなあの時代の記録映像や写真をひたすら収集し、検索を続ける過程で、それらの写真は我々がどのようにして今日まで来たのか、どれほどの苦難に満ち暗闇を歩んできたのか気づかせてくれた。それらは「シャドウプレイ」制作の原点であるから、エンディングに一部の写真を入れることができて非常にうれしい。映画の物語と映像が過去の写真と並列して映し出される瞬間を通じて、実際に写真に写る人々に敬意を捧げることを意図した。なぜなら彼らこそがあの歴史を創り、また彼らこそが我々自身なのだから。そしてこの場を借りて、これらの写真を撮った人々、写真家たちに敬意を表したい。もし彼らの記録がなかったなら、今日の我々は正体不明で、過去もな

く歴史も持たない人間になってしまったかもしれない。

──もともとは歌謡曲の曲名である「風中有朶雨做的雲」をなぜ映画タイトルにしたのでしょうか。

映画のタイトルにした「風中有朶雨做的雲（風のなかに雨でできた一片の雲）」とエンディング曲の「一場遊戯一場夢（一夜のゲーム、一夜の夢）」、僕自身はどちらかというと後者の歌のほうが好きなんです。なので、そちらをタイトルに付けようと思ったんですが、国家電影局からそのタイトルはよくないと言われて、前者に変えたんです。ただしこれらの歌が映画の内容を決定的にするかというと、そうではないと思いますね。映画の内容と関係はあるけれども、映画自体さらに重要な意味を持っていると思います。それから「夜」と「一場遊戯一場夢」はどちらも夢について歌っていて、素敵な曲です。暗闇の夢の中に帰っていくわけですが、劇中ではその夢は決して美しい夢ではなかったということですね。「一場遊戯一場夢」は僕が大学生の頃、とても流行った歌で、中国の改革開放の時代を生きた人々の記憶に必ず残っています。今再びこの歌を聴けば、また新たな想いをいだくことだろうし、それは単なる思い出ではないはずです。

──キャスティングについて聞かせてください。ロウ・イエ監督の多くの作品に出演しているチン・ハオは最初から社長の役を想定していましたか。

そうです。そして衣装合わせをして即、決定しました。また、チン・ハオには不動産業界に知人が複数いるということも知っていました。

──チャン・ソンウェンは監督の「スプリング・フィーバー」に

も出演されています。今回政府の役人に起用した理由は？

　ロケ地を広州の洗村（シェン）に決めたので、広東語が話せて、広東省の官僚文化をよく知っている役者が必要でした。チャン・ソンウェンはその点でほぼ唯一の選択肢でした。彼は広東出身で、子どもの頃から役人が周囲にいる環境で育ってきました。だから衣装合わせのとき、スタッフは皆、彼がこの役にピッタリだと思ったようです。でも彼は僕のことをよく理解しているから、衣裳合わせが終わると、「監督はまだどこか不安に思っているんじゃないですか？教えてください」とこっそり聞いてきました。僕は「役人を演じるのは一番難しいよね」と答えました。するとチャン・ソンウェンは何も言わずに、ただ頷いて去って行きました。翌日、彼からショートメールが届き、すでに広州の政府機関と連絡がついて、これから役所で一ヵ月仕事の体験をすることになったと知らせてきました。これこそチャン・ソンウェンの役作りに対する情熱で、尊敬すべき姿勢だと思います。

──マー・スーチュンも若手人気俳優で今までの作品とは違う表情を見せてくれています。起用のきっかけは？

　実はマー・スーチュンの写真は僕のキャスティング候補者の写真を貼るボードに何度も登場していて、彼女と一緒に映画を創りたいとずっと思っていたんです。「シャドウプレイ」はちょうどいいチャンスでした。彼女が演じるヌオという娘は、裕福な親と権力を握る親を持つ複雑な役どころで、このヌオこそが改革開放の産物、つまり、ある種の「政治的ハーフ」とも言えます。

──ソン・ジアもメイキングフィルム「夢の裏側」を見ると素顔に近い状態で演じていたようで、リアルな表情が作品のリアリティを増していましたね。

素顔というよりは、メイクを何度も試して画面の中では素顔に見えるように確定したものです。ソン・ジア本人はとても肌のきれいな人なので、少し肌も荒れてやつれた感じにする必要がありました。だから素顔に見えるメイクのために毎回1〜2時間かかりました。ソン・ジアは本当に素晴らしい人で、彼女自身が望めば、まったく異なる、想像もできないような役柄を演じることができると思います。中国ではそれほど多くない実力のある演技派の女優さんですね。

――ミシェル・チェンは、役の設定通り、台湾出身ということでキャスティングされたのでしょうか?

　そうです。それはまず前提としてありました。人物によっては演技では表現できない雰囲気が必要なことがありますからね。

――エディソン・チャンは香港の探偵という設定です。彼も香港の俳優としてキャスティングされたのでしょうか?

　そうです。この映画では、異なる地域とそこに生きる人々の特徴を表現するため、役者自身の背景と劇中の人物にはある程度、関連性があるようにしたかったんです。実際、キャストは皆、それぞれ多少の違いはあれ、役と同じく中国のあの時代を経験してきて、そこから逃れることはできない。そのことは、「シャドウプレイ」が伝えたい重要な部分でもあります。

――中国の映画制作にはキャスティング・ディレクターという仕事はあるのでしょうか?

　中国の映画制作の現場では、キャスティングは以前、助監督の仕事でしたが、そこから次第に分業していきました。ただ作品によっ

てやり方は違い、プロデューサーが関与することが多い場合もあれば、基本的に監督が決めてキャスティングする場合もあります。

——音楽のヨハン・ヨハンソンについてお聞きします。「ブラインド・マッサージ」に続き彼の音楽は叙情的であり、情熱的であり監督の映画と相性が良いと思いました。どのような作曲依頼をされたのでしょうか。

編集の段階で音楽についての構想をヨハン・ヨハンソンに伝えておいて、ラッシュを送りました。彼はそれを見て、そのシーンにふさわしいと思う曲のデモを書いてくれました。それから僕らは音楽の構成や具体的な部分についてディスカッションし、番号を付けていって実際的な仕事を進め、決定稿を作ってファイナル・ミックスへ、というような流れでした。「シャドウプレイ」の音楽はヨハン・ヨハンソンともう一人、彼と長く仕事をしている作曲家ヨナス・コルストロプが共同で完成したものです。ヨナスは「ブラインド・マッサージ」の作曲にも参加してくれたので、お互いよく知る仲でした。

——残念ながら彼は中国での公開前の2018年2月に亡くなりましたが、彼は完成した作品を見る機会はあったのでしょうか？

ありました。ファイナル・ミックスまでやってくれて、わざわざエンディングのシーンの重低音についてテクニカル調整をしてくれました。音楽と音声の角度から見ても、あの調整は極限的な処理だったと思いますね。音楽に強烈なノイズをはめ込んだり、非常に実験的でした。

——日本で公開する際に映画のキャッチコピーを"加速する欲望と愛"としました。"加速する"＝急激な変化が現代中国社会の特徴

だと思ったからです。監督はその加速する社会に対し、人々がどのように順応していくのが良いと思われますか？

　実際、僕の希望などは重要ではないと思います。歴史というものは個人の希望などおかまいなしに進むものですから。例えば「シャドウプレイ」にはあんなにも多くの不確定な要素がありますが、それらが個人の望みで変わることはあり得ない。ただ、僕はその歴史を経験してきた者として、目撃した状況を語っておきたいだけです。もし「天安門、恋人たち」が1989年以降の、一部の中国人たちの無力感、喪失感の精神史だとするなら、「シャドウプレイ」は、89年以降にすぐさま一切を忘れ去り、チャンスをつかんで金持ちになった人々の「成金の歴史」だと言えます。彼らは物質と引き換えに精神を失い、発展と引き換えに自由を失いました。全てのものには代償が伴うということです。2016年に「シャドウプレイ」を撮影したときには予言でしたが、今やそれは現実になってしまいました。

——ところで、監督もお好きだという増村保造はイタリアに留学し、"現実を客観的に凝視し、ドキュメンタリー風に描写する"というネオ・リアリズムの影響を受けたそうです。監督も自身の作風をネオ・リアリズムの系譜にあると思われますか。

　どの系譜に属するのかはよくわかりませんが、ネオ・リアリズムはたしかに北京電影学院で学んでいたときの必須科目でした。また、ほかの日本のヌーヴェルヴァーグの監督たちからも影響を受けています。今村昌平、新藤兼人、木下恵介、大島渚、相米慎二監督などです。

——日本では11月にベネチア国際映画祭でワールドプレミア上映された「サタデー・フィクション」の公開が控えており、また次回

作「三文字」の制作も発表されましたが、制作の状況を教えてくだ
さい。

　コロナ禍により映画制作は大きな打撃を受けましたが、映画だけ
でなく、あらゆる人々の日常生活が完全に混乱させられました。
「三文字」は秋と冬の撮影がほぼ終了した後、今のところ中断して
います。正常な秩序が戻ってきたら、なるべく早く撮影を再開させ
たいと思っています。

　　（「シャドウプレイ【完全版】」パンフレット（2023年／発行：アップリンク）より採録）

二重生活

中国という社会が昔からずっと二つの顔を持っているんだから、
人々は「二重」であることに馴れているんだよ。

——2006年「天安門、恋人たち」以降、フィルムメーカーとして
のあなたの境遇は、どんなものだったのですか?

「天安門、恋人たち」以降、僕は5年間、映画製作を禁じられたの
で、中国を離れ、アメリカのアイオワ大学に行った。そこで教えて
いた中国人作家のニエ・フォアリンに招待されたんだ。それから脚
本家のメイ・フォンと、後に「スプリング・フィーバー」(09) と
なるプロジェクトを進めた。というのも僕は映画製作を禁じられて
いたので、海外で撮影できる脚本を探していた。かなりの数の脚本
を読んだが、満足できるものはなかったね。「スプリング・フィー
バー」は南京で、ほぼゲリラ撮影に近い手法を使って、小さな
DVDカメラで撮影した。次にパリに行って、リウ・ジエの小説
「裸」を脚色して作ったのが、「パリ、ただよう花」(11) だ。あの
映画が完成したころには、5年が過ぎていたので、中国に戻れるよ
うになったんだ。

——5年のブランクの後、前のような状態に戻りましたか?

フィルムメーカーにとって、5年間、映画製作を禁じられるというのは、恐ろしいことだ。あの処罰を受けた時、公式に拒否の声明を出そうと考えた。多くのフィルムメーカーやアーティストから寄せられた抗議の署名が書かれた手紙を公表することでね。でも結局、何もしないことにした。映画を作り続けることが、一番の対応だと考えたからだ。この5年間は、そのことにエネルギーを注いできた。中国で「スプリング・フィーバー」を撮ったのは、処罰には屈しないことを見せたかったからだ。

──「二重生活」を作ることになったきっかけは？

「パリ、ただよう花」の後、共同で脚本を書いたメイ・フォンがインターネットで中国の日常が書かれた話を探していたんだ。脚本のヒントになりそうな素材がないかと思ってね。僕らは彼が見つけた3つの話を使って、階層によって異なるものの見方を描くことができた。二重生活や犯罪、新興富裕層の暮らしなんかを織り交ぜながらね。脚本を書く段階で、そういったものの見方をとりまとめた。僕は二重生活が原因で犯罪が起こるというのが面白いと思った。二重生活というのは、中国で顕著に見られる現象だ。奥さんが二人いるという男はかなり多く、人間関係における象徴的なことなんだよ。自分の暮らしに不満な人間は、新たに別の環境を作り出すんだ。表面的に分からなくても、どこか隠れた場所で行われているんだよ。中国では、二面性を持ち、なんとか現実に対峙しながら暮らす人間がいるんだ。

──ミステリーを撮るのは「パープル・バタフライ」以来ですね。なぜ今またミステリーを撮ろうと思ったのでしょうか？

　ミステリーとはいろんな受け止め方ができるものだからね。作家が伝えたいことをしっかり描きながらも、検閲に対応しやすいん

だ。もちろんそれが1番というわけではないけど。実は、初めから
ミステリーにしようと思ったわけではないんだ。2稿目か3稿目で、
現代中国社会を描くにはミステリーがふさわしいんじゃないかと
思って、すこしずつその方向になっていった。映画とはそもそも、
検閲にとっては「やっかいなこと」を語るものだからね。人の想い
や社会の「やっかいなこと」を反映してしまうのが映画なんだと理
解してほしいよ。

——二人以上の男性と関係を持つ女性が主人公となる同様の映画
というのはあり得ますか?

　もちろん二人以上の男と関係を持っている女性はいるだろうけ
ど、まれだよ。女性は自由度が低いからね。二人以上の女性を養っ
ている男というのは、世間が受け入れているんだ。それが成功者の
証というふうに思われているふしもあるが、男の愛人が複数いる女
性というのは、敵意を持たれるだろうね。

——映画の中で登場するカップルは、東京やパリといった都市に
暮らすミドルクラスと似たようなライフスタイルですね。

　この15年の中国の経済発展で、ミドルクラスという階層が生ま
れたわけだが、いろいろな点で道徳観念も似ているし、特に見た目
は他の国と変わらない。しかし世界的基準から見れば、いかにも中
国人らしいところもあるね。

——中国人らしさを最も物語るものとは何だと思いますか?

　男が自分の人生において二重の生活を築こうとする、そのやり方
だね。そこにある矛盾を解消しようとはしない、そのやり方が中国
人らしい。もちろん、愛人を持っている人は世界中にたくさんいる

し、中国に限った話ではないと思うけれど、中国には「政治も二重」という側面があるからね。中国という社会が昔からずっと二つの顔を持っているんだから、人々は「二重」であることに馴れているんだよ。

――中国だけに限ったことではありませんが、若い世代、新興富裕層の子供や、権力者と折り合いを付けている刑事たちの態度といったものは、その国の現在の状況を暗示していますね。

　まさにその通りだね。同じことが中国人の精神性にも現れていると思う。裕福な子供たちと捜査を中止する刑事は、精神構造が同じ生活様式の中で生きている。永遠に妥協し続ける世界に生きているんだ。現代の中国では、法律そのものに威力がなく、すべてが交渉の世界だ。つまりモラルなんて存在しない。だから、この映画の主人公が、最終的に殺人を決意するのは、そのバランスを維持するためだ。彼が自分の感情に折り合いを付けようとする方法は、捜査を中止する刑事のやり方と同じなんだ。それこそが、まさに中国人らしさだよ。

――登場人物は皆、妥協しようとします。愛のある生活を築いたり、正義や法律を行使することもせず、忠誠心も欠如しています。そこには原理原則といったものは存在せず、それが殺人という行為で終わりますね。

　そうだね。中国という巨大な国家規模で考えれば、遙かに深刻な悲劇を生むことになる。誰も真実とは何かなんて気にしていない。その結果が、この映画の（英語の）タイトルである「ミステリー」なんだ。死んでしまう若い女の子（シャオミン）は現代中国の犠牲者と言える。彼女は死ぬけれど、誰も彼女を「殺そう」とはしていない。そういった社会の犠牲者はけっこういて、その死はすぐに忘れ

られてしまう。その犠牲によって社会が発展していくかもしれない
が、忘れて良い死などない。登場人物たちは、誰も悪いことをしよ
うと思っていたわけじゃない。しかし、それぞれの行動すべてが悲
劇的に作用してしまったんだ。

（「二重生活」パンフレット（2015年／発行：アップリンク）より採録）

「二重生活」ロケ地にて

パリ、ただよう花

愛情はまず身体が感じるもので、
それは思想や道徳などに先んじて存在する感覚です。

——前作「スプリング・フィーバー」と本作「パリ、ただよう花」
は、2005年の「天安門、恋人たち」で中国当局が下した5年間の活
動禁止令の期間に製作された作品ですね。

　プリプロダクションとポストプロダクションを含めると、ちょう
どその5年間に2本作ったことになります。禁令はあってはならな
いものだと思いますが、自分にとってはいい機会になりました。そ
れに中国の禁令処置を世界に知ってもらう機会になったと思いま
す。禁令の間に撮った映画は検閲を通す必要もなかったし、撮りた
いと思う場所で自由に撮れた。自分の望みどおりに作れて、映画監
督であることを心底、楽しみました。映画とは常にそうあるべきで
す。

——以前、トロント国際映画祭で監督が「ホアが中国とパリを、
人の間を、文化の間を漂っているように、わたしもまた漂っている
んです」とおっしゃっていましたが、禁令が解けた今、どのような
お気持ちですか？

この映画を制作していた時、私は映画製作を禁止されていて、ヨーロッパと中国を行き来していた。文字どおり、漂っていました（笑）。でも、禁止令が解けた今でも、「漂う」という感覚はずっとある。どんな人でも絶えず持ってるんじゃないでしょうか。国や地域によって、もちろん違うんだろうけど。ホアの'はざまにいる'感覚が私には理解できます。それは異なる人々の間にいること、異なる政治や文化の間にいること、異なる人種や土地の間、セックスと愛の間、暴力と優しさの間、愛と傷の間にいることで、実に人間らしい感覚ですが、同時に孤独でもありますよね。ホアは北京に帰っても、心は漂い続けるんだと思います。

──どのようにして原作であるリウ・ジエの小説を見つけたのですか？

　「スプリング・フィーバー」を撮っている時、彼女がパリから電話をくれました。彼女が書いた小説を読んで、興味があるか聞かせて欲しいとね。そこで小説を読み、とても気に入りました。とても個人的な愛の日記に思えたんです。この小説の中の、奥深くに内在する妖艶さを感じました。リウ・ジエの小説は、私が常に興味を持っているテーマを、女性の視線で提示していました。彼女の自伝は率直で正直で、愛に関する我々の考察を、より人間的な視線で示していたんです。私は映画を撮る際に特定のテーマを設けたりはしませんが、例えば、愛の問題を扱うのが好きです。人間にとって日常的な問題だと思うからです。もちろんそれは私にとって、ある種の政治的、社会的問題の一番のシンボルでもあります。

──ロウ・イエ監督の作品の中で、原作のあるものは本作が初めてです。非常に個人的な内容で、露骨な性描写もたくさん出てくる原作小説と、どのように向き合い、脚本を書いたのでしょうか。

とにかく、愛についてはリウ・ジェとよく話し合いました。作家の世界に入るには、本人を知ることが大切なのです。

――登場人物たちは、自分たちの行動の理由を明かしてはくれません。これは原作でも同じなのでしょうか。

　原作には直感的でミステリアスな要素がたくさんあります。リウ・ジエは登場人物たちを丸裸で素のままに放置している。最初に感動したのはそこでした。僕にとっては不可解であることが、人間の最も興味深いところなのです。

――主人公の2人は対照的で補完的です。ホアは暗く、静かで真面目。マチューはよく喋り、行動し、よく笑います。しかし、2人とも秘密を持っていて、今を生きようとしています。それについて、もう少し教えていただけますか？

　2人は特別なキャラクターではなく、ありふれた人たちです。僕は"特別"より"普通"を描きたかった。彼らに特別なところは何もありません。一番重要なのは、ホアとマチューが未来がどうなるかを知らないことです。われわれとまったく同じようにね。

――原作は痛烈な内容と聞きましたが、あなたの映画はメランコリックです。セックスは人を結びつけると同時に引き離す。ほとんど絶望的です。どのような意図があったのでしょうか？

　登場人物たちはカメラの向こうで生きている、と思っています。だから、僕がくっつけたからカップルになったとは思わないし、僕が引き離したから別れたとも思いません。"希望"についても同じです。僕らはたいてい、相手が遠いのか近いのか、希望があるのかないのか分かりません。自分自身に「こういうふうに生きるべきだ」

と言ったら、その人はすでに人生の真実を失っていることになる。なぜなら、そう発言する前の、すぐそこに、人生や人間性は横たわっているからです。たぶんね。

——今作には、セクシュアリティーが人や時代を示すという、過去の作品にも出てきたテーマが見られます。

　セックスは、自然で自由な人間にとって欠かせない要素です。人間を描きたいならセックスを避けることは困難ですし、時代を描くのに人間を避けることもできません。愛情はまず身体が感じるもので、それは思想や道徳などに先んじて存在する感覚です。だから愛情は人自体に最も近いものでもあり、人間的で美しく、また危険でもあるんです。

——2人の愛は非常に直情的で、破壊的ですらあります。このようなストーリーをどのように撮影しようと計画しましたか。

　プランはありませんでした。登場人物を愛し、信じ、彼らについていくだけです。自分にはまったく分からない未来へと、登場人物たちに導いてもらうのです。彼らと一緒に冒険するわけです。

——ホアは理性的でもあり、直情的でもあるように見えます。この映画において、理性と欲望のバランスをどのように描きたいと思いましたか？

　理性と欲望のバランスはとても難しいと思います。ホアは教師という職業を持ったインテリです。そのホアが、マチューに出会って、原初的な欲望を見出す。彼女はより肉体的なもの、性的なものを求めるようになるわけです。その中で、理性と欲望の間に矛盾が生じてくる。最後のバスのシーンで、彼女は乗るか乗らないか迷っ

ている。そこに、そのバランスのとりにくさ、彼女の悩みが表現されている。彼女はまだ答えがみつかっていない。これからも探し続けて行く。そして、その探し続けるというプロセスの中には、色々つらいことも悲しいこともあるのだけど、探し続けることそのものがとても素晴らしいことだと思います。

——前作「スプリング・フィーバー」に続き、カメラを手持ちで撮影した理由は？

　登場人物たちを、カメラの支配から解放したかったからです。最高の映画は、監督やカメラマンの支配の縁、ギリギリの危険ゾーンにあります。僕はカメラのフレーム内で起こっているリアリティを示すと共に、カメラの向こうのコントロールできないものも暗示したいと思っています。僕にとって、何かをシーンに含めない、あるいは最終的な編集に含めないことには、重要な意味があります。

——編集が一定の緊張を生み、登場人物たちの内面の混乱や孤独、苦悩を暴露する役割を果たしているように見えます。編集はどのように行われたのでしょうか？

　理想は、登場人物たちの前にカメラが存在しないことです。僕にとって編集は脚本を書くことの続きです。僕のやり方は、撮影中は脚本のスピリットと要求を厳密にたどり、編集のことは忘れる。そして、その後の編集作業では、今度は脚本も含めすべてを忘れる。撮影した各シーンやフレームを注意深く見て必要なものをピックアップし、不必要なものは捨てる。そのためには撮影したすべての映像を見る必要があるし、全テイクにおける俳優の演技に精通する必要があります。細かい違いが、映画全体に影響するからです。僕の映画の編集はとても大変だと思いますし、編集者にとても感謝しています。

――ロウ・イエ監督の作品では、いつも都市が大きな意味を持っています。都市をまるで人物のように、そのノイズ、色、激しさを撮影しますが、本作ではパリのどこに惹かれましたか？

　日々の生活です。いわゆる「パリ」という都市には、旅行者が行く「美しい花のパリ」というイメージがあると思います。けれどリウ・ジエの書いた小説には、日常の生活がありました。旅行者ではなく、ある中国人がパリと中国の間を行き来して生活している、という感覚。でも、リウ・ジエはこの映画を観て驚いていましたよ。よく知ってるパリが、よりリアルに描かれていたから。

――ロケーションは、どのように選んだのですか？

　通常、撮影場所を選ぶときは登場人物たちに従います。ロケーションはキャラクターの一部だからです。顔や体だけでなく時に場所自体が、登場人物を表現するのです。小説を映画化するにあたり、ロケーションを大きく変えました。原作の舞台は4区と6区だったのを、18区にした。4、6区はパリの割と中心の街だけど、18区は移民の多い街で、よりマチューの存在がリアルに感じられるようにしました。

――タハール・ラヒムとの出会いは？　なぜ彼と仕事をすることを選んだのですか？

　初めて彼を見たのは雑誌の小さな写真でした。マチューのイメージにかなり近いと思い、会えるよう手配しました。実際に会ったのはパリで、『預言者』の撮影が終了した直後でした。彼はとても疲れていて、話しながら少しイラついているようでした。私が彼を理解できるかどうかなど、まったく気にしていなかった。しかし私は彼がとても気に入りました。彼は素晴らしかったし、マチューにと

ても近いと思いました。数か月後、2009年の夏にカンヌのパーティーで再会し、しばらく会っていなかった親友のように話をしました。お互いにとてもハッピーでしたし、自分の心の中にいるマチューの別の面を発見しました。すばらしいことでした。

——タハール・ラヒムはどんなタイプの俳優ですか？

　彼は魅力のある素晴らしい俳優です。彼は演じる人物を表現するのではなく、その人物そのものになって生きるのです。優れた俳優にとって、それは非常に難しいことです。演技が巧いほど、演技中に無意識の〝自意識〟が出てしまうからです。自分が優れた俳優であることを知っていて、時にそのせいで演じているキャラクターから離れてしまいます。多くの俳優はそれを乗り越えられませんが、タハールにはそういう限界がありません。

——コリーヌ・ヤンは？

　ホアは社会学とフランス語の教師です。だから上海、北京、パリ、アメリカ、カナダで、フランス語に堪能な中国人女性を探しました。100人以上の女優と会いましたが見つからず、苦労しました。そして最後に、別の女優が主役のテレビシリーズでコリーヌを見つけました。数シーンにしか出ていませんでしたが、すばらしいと思いました。彼女を見つけることができてラッキーでした。

——登場人物たちの設定は、どのようにするのですか？

　通常、私は登場人物たちを彼ら本来の生活に戻し、それを傍観者の立場で静かに眺め、彼らと一緒に喜びや落胆を経験します。

——ロウ・イエ監督はフランス語を話しませんが、役者たちとど

のようにコミュニケーションを取りましたか？

　撮影中はヘッドホンで俳優たちのフランス語のセリフを聞きながら、同時通訳も聞いていました。ドイツ語（「天安門、恋人たち」のベルリンのシーン）や日本語（「パープル・バタフライ」）でも同じような経験をしましたが、セリフがフランス語の映画を監督するのはこれが初めてでした。撮影のユー・リクウァイはベルギーの映画学校を卒業しているので、フランス語が堪能なんです。撮影時、それはとても重要なことでした。カメラが素早く言葉に反応して、素晴らしい撮影をしてくれました。彼との仕事はとても楽しかったですよ。
　製作に関わったすべての人に心から感謝しているし、2人のフランス語通訳者にもお礼を言いたいです。

——言葉が分からないことは障害になったでしょうか。それとも、より自由を得たのでしょうか。

　映画監督が母国語以外の映画を監督するのは、その監督の経験や感性への挑戦となります。具体的に言うと、言葉を理解しないことで、監督の注意は、俳優がセリフを喋っているときの他の側面にシフトされます。ムードやイントネーション、トーン、リズム、ジェスチャーなど、言葉を越えた表現です。それは監督の決定を、ある種、視覚的で身体的な表現の方向に傾けることになります。

——音楽が素晴らしかったですし、その使い方も興味深かったです。まるで息づかいのようでした。作曲家とはどのように仕事をしたのですか？

「息づかい」という言葉は嬉しいですね。撮影のユー・リクウァイと僕が、いつも使っていた言葉です。彼とは映像についても、撮影中に自然の光が変わってしまっても、"画の息づかい"を記録するた

めにカメラを回し続けるということで合意していました。音楽についても同じです。ペイマン・ヤズダニアンとの仕事は（「天安門、恋人たち」「スプリング・フィーバー」に続き）3作目になります。他の作品と同様、編集の時点で、編集者と僕で参考用の音楽を選んで乗せ、提案としてペイマンに送りました。そのあとペイマンと僕の2人で、それぞれの曲やほかの可能性について話し合いました。

──日本版のキャッチコピーは "ロウ・イエ版「ラストタンゴ・イン・パリ」" としました。パリを漂うマーロン・ブランドをホアとして観てもらえれば、と思ったので。

　ベルトリッチ監督はとても尊敬していて、「ラストタンゴ・イン・パリ」(72) は大好きな作品です。でも、この映画のホアは「ラストタンゴ・イン・パリ」のマーロン・ブランドより日常的でリアルですよね。いろんな監督がパリを舞台にして、いろんな愛の形を撮ってるけど、どの監督もパリと愛を交わしてるんだと思います。だから僕は、そういう監督たちとはちょっと違う、別のテイストでパリの美しさを撮ったつもりです。

──ほかにこの映画を作るにあたり、参考にされた作品はありますか？

　この映画を作るに際して、いろんな監督が撮ったパリを観ました。大島渚監督の「マックス、モン・アムール」(86) もそのひとつ。今観ると、当時の大島監督の気持ちがよくわかるような気がしました。それと、密室でのカメラワークは、神代辰巳監督のロマンポルノ作品を参考にしたりもしました。

（「パリ、ただよう花」パンフレット（2013年／発行：アップリンク）より採録）

「パリ、ただよう花」ヴェネチア映画祭でのワールドプレミアにて、主演のコリンヌ・ヤム、タハール・ラヒムと

スプリング・フィーバー

肌に彫られた花は登場人物の通る道の一部で、
おそらくは作者や監督のものでもあり、
あなた自身のものでもあるのだと思います。

——映画製作、上映禁止の処分を受けた後の当局との関係につい
て教えてください。

「天安門、恋人たち」を終えてすぐに「スプリング・フィーバー」
の脚本に取りかかったのですが、一部のプロデューサーは「5年間
の映画製作禁止となった以上、中国の映画館で上映することもでき
ないのにどうやって新しい映画の資金を得るのか」と心配し、「5
年後に話し合おう！」と言いました。しかし幸いなことに、結局は
フランスと香港から、必要なだけの映画製作資金を確保することが
できて、自由に映画を制作することができたのです。ただ、映画館
で上映できないのは本当に残念で、国内で上映するために本当に多
くの監督たちが苦心しているのです。例えば、凄く良いと思うカッ
トもやむを得ず削除してしまうこともあるし、電影局を説得し自分
の好きなシーンを残そうと必死に頑張る監督もいる。監督たちがそ
ういうことに気を遣いすぎて、撮るということに全力を注げなく
なってしまうのはとても悲しいです。「パープル・バタフライ」の
ときは、電影局から40数箇所、修正箇所が提示され、何度も何度

も話し合いを持って頑張ったのですが、結局3箇所だけ修正しました。最終的に審査には通りましたが、中国では、私だけでなく多くの監督が面倒な事に対面しているのです。「天安門、恋人たち」で、5年間の追放処分を受けたときは、ほんとうに電影局や、表現の自由に対する中国の決定に対して腹を立てた。でもそれによって中国の検閲制度を世界に知らしめることができたのです。私は映画監督という職業は決して禁止されてはいけない職業だと思っています。ずっと撮り続けるべきだと。

――中国でタブーを扱うことについて。

最初は、同性愛を取り上げるつもりはありませんでした。しかし、脚本家のメイ・フォンと議論していく中で、愛の範囲をもっと自由に大きく考えるようになりました。過激な性描写自体を描きたいと思っているわけではありませんが、もし二人の間の愛情の中に性描写が必要だという場合、その性愛と愛情が密接な関係を持つ場合、それは映画の中で見せなければならなりません。もちろん、不必要ならば入れなくてもいい。この映画は人と人との間の身近な日常を描いた、純粋なラブストーリーなんです。

――脚本はカンヌで脚本賞に輝きました。

脚本のメイ・フォンは「パープル・バタフライ」の時に脚本顧問をしてもらい、その後、「天安門、恋人たち」で共同脚本、そして本作では彼に脚本を担当してもらいました。メイ・フォンは非常に素晴らしい脚本家です。彼が関わることによって、この映画がとても自由になっていると思います。今回はまず、最初に彼が第1稿をあげて、その後、撮影の現場でも俳優の様子を見ながら絶えず修正を加え、そして撮影が終わって編集の段階でも彼が立ち会っていろいろな意見を出してもらうというようなコラボレーションをしまし

た。ですからこの映画製作自体が、小説を書いたり、脚本を書くの
と同じようなものだと考えています。

──郁達夫（ユイ・ダーフ/イクタップ）の小説が出てきます。

　作品中に郁達夫の作品が朗読されていますが、中国では郁達夫の
小説は非常にポピュラーで、高校生の教科書の中に入れられている
くらいなんです。私は彼の小説が好きで、この「春風沈酔の夜」の
他の作品もとても好きなんです。なぜ彼の作品が好きかというと、
個人というものがきちんと描かれている。人と人との関係を大きな
視点で描くのではなく、綿密に人間関係を描いている。そこが私の
好きなところです。「春風沈酔の夜」は私が高校生の時に読んだの
ですが、この小説は、人と人との感情、なんともはっきり言えない
感覚を描いているんですね。愛しているのか？　それが愛なのか？
そのぼんやりとした雰囲気が、私の創作意識に火をつけたのです。
郁達夫という作家は体制の中にある個人の情感をしっかり描こうと
した。自我や自己表現をどのようにするかと言うことを重視した作
家だったのです。実は、前作「天安門、恋人たち」も郁達夫の影響
を色濃く受けていると言えます。郁達夫は1919年の五四運動〔戦勝
国に敗戦国が賠償金を払うというベルサイユ条約に反対して起きた反日、反帝国主義運
動〕に文学的なアプローチで参加していて、この運動は天安門広場
での学生運動を導く最初のものとなったのですが、「スプリング・
フィーバー」「天安門、恋人たち」もわずかながらもこれにつなが
りがあると思っています。この、人の内的生活に穴を開けられる可
能性、少なくともそうしたいと思う欲求は、明らかに1949年中華
人民共和国が建設された時に消失してしまいました。それは今でも
取り戻すのがむずかしいと思います。中国が自らの視点に捕らわ
れ、自らに課した自己定義や、全体性への帰属、個人を飲み込む集
団志向に留まっている限りは。そしてだからこそ、自らを縛り、隠
し、己の欲望やひそかな衝動を否定しようとするのだと思います。

──登場人物たちについてはいかがでしょう。

　彼らは自分の生活をまくコントロールできず、しかも重要な入り口に立っている……私たちも、現在こういったことを経験しています。漂っているかのような、私たちの誰もが抱いている、"アイデンティティを見つけることのむずかしさ"のようなもの。そして、漂うことはそれほど悪いことではないと思います。私は彼らのほんとうの生活に入り込みたかったのです。日常の、ほとんど陳腐な物語の中に。稀代まれなラブストーリーなどを伝える気はなく、単純でありふれた、普遍的なラブストーリーを伝えたかったのです。私たちは言葉もなく、親しみの表し方も知らぬまま、誰かの腕の中に抱かれ、肉体的な愛を交わしたいという欲望に巻き込まれます。リー・ジンが、自分の恋人の愛人であるジャンに尋ねる美しい言葉があります「彼とも、こうして手を？」と。その瞬間、彼女が言っていることは嫉妬を超越しているのです。それはジェンダーにかかわらぬ問いであり、二人の人間の間に存在する愛についてのことなのです。リー・ジンにはそれが二人の人間の間の愛であることがわかっていて、男性どうしの間で起こっているということは重要な問題ではないのです。最初は、女性の肉体も男たちと同じように撮影しました。しかし、絶大なパワーで嫉妬を表す彼女にとっては、肉体を見せることはかえってやり過ぎであることに気がついたのです。

──睡蓮の花について。

　映画の最後、ジャンが胸に大きな花のタトゥーを入れます。肉体に描かれた花のシンボルは重要な意味をなしています。なぜなら、この映画はもうひとつの別の花、水槽に浮かぶ睡蓮で始まるのですから。私たちは映画の重要な瞬間にふたたび立ち返ることになります。彫られた花は登場人物の通る道の一部で、おそらくは作者や監督のものでもあり、あなた自身のものでもあるのだと思います。肌

に彫られた花は忘れ去られることがない。中国語ではこう言います。──"世界はひとつの花である"と。

（「スプリング・フィーバー」パンフレット（2010年／発行：アップリンク）より採録）

「スプリング・フィーバー」2009年カンヌ映画祭

ふたりの人魚

彼は自分の目に映った事象をカメラを通じてとらえていますが、
彼自身も窓の外を見つめる時に、
自分の内面を見つめているのです。

——よくある質問から始めたいと思いますが、いつ頃から映画監
督になろうと考えたのですか？

　美術学校に落ちてしまったので、映画学校に入ったのがそもそも
の始まりでしょうね。高校も上海の美術学校でしたし、本当は、油
絵を描く画家になりたいと思っていました。

——静止画（油絵）から動画（映画）に移行したきっかけがあったの
ですか？

　漫画やアニメーションが好きで、上海の美術映画製作所で働いて
いましたので、そこに入社したのが、動画との出会いでした。で
も、その頃はまだ家に戻ってから油絵を描いていましたね。やっぱ
り、映画の学校に入ったことが、直接のきっかけだったと思います。

——あなたは、上海で生まれて育ったんですよね？

そうです。

――あなたが映画の中で表現している上海は、犯罪者や密輸入者の街であり、いかがわしい盛り場が多く集まる所ですが、これが現代の上海の姿なのでしょうか？

どんな街も人間同様、違う衣装をまとい、違う仮面をつけているものですから、これが街の本当の姿であるという区別はつきにくいものです。「この姿」が本物だと一言では言いにくい。近代都市である上海は、密輸入者やケチな犯罪者で溢れかえっているだけの街なのか？　と言えばそうとも言い切れません。800万人もの人間が住んでいると、街はめまぐるしく変化するものです。あまりに規模が大きくて小世界にはなりえない。上海という街には、昔から人を引き込む魔力があります。良いものも悪いものも集まる街なんです。

――あなたがこの映画の舞台にスージョウ河（蘇州河）を選んだのはなぜですか？

上海で唯一変わらないもの、それがスージョウ河なんです。交通幹線が街の中心を潤すように、河は上海を潤している。スージョウ河は常に上海に潤いをもたらしてきました。いまは中国の内地から食物を運ぶといった意味合いではありませんが、街に潤いをもたらしていることに変わりはありません。水は街の血脈ですから。そして両岸に暮らす人々の生活に大きな影響を与えてきました。僕は上海に生まれて、子供の頃からスージョウ河を見て育ってきましたから、いつかこの河を舞台に映画を撮りたいと思っていたんです。

――河と同様に、人魚が映画の中で象徴的な存在になっていますが、なぜ人魚という伝説上の事物を登場させたのですか？

河はもともと美しいもので、人々が暮らすうちにそこには様々な汚染物がたまってきます。汚染物は元来河には存在していないものですから、人魚もある意味では汚れてしまったものの一つということもできるかもしれません。その反面、神話の中に出てくる人魚は、美しいものとして人々の記憶にあります。この映画の中では、美しい愛情、人を傷つけてしまう愛情、手に入れたくても入れられないものの象徴として人魚を選びました。それと、我々が子供の頃、童話の中で西洋のもの（人魚姫）として人魚を知りましたから、どこかよその場所からやってきたものという象徴でもありますね。よそからやってきたものを象徴するものは、他にもいくつかあって、密輸入されるウォッカもそうです。

──人魚が出演する水中ショーというは、とてもインパクトの強いものでしたが、ああいったショーを実際に見たことはあったのですか？

　テレビで見たことがありますし、上海にもああいった見世物のある店はありました。今でも地方などではあるのではないでしょうか？　そうどこででも見られるものだとは思いませんが、特別な店にはああいったショーもあるはずです。

──この作品に出てくる若者たちは、お互いのコミュニケーションの方法が独特で、どこか渇いた感じがするのですが、あなたが現代の中国の若者を、このようにとらえているということでしょうか？

　現代の若者の中の一部にコミュニケーションが希薄な人たちもいるかもしれませんが、彼らがその代表だとは言い切れません。あくまでも僕の個人的な見解ですし、僕自身抑制された激しい感情が好きなので、その両面が出ていると思います。この映画を語る上で一

人称を選びましたが、ビデオ撮影者の目はすなわち僕自身の視点です。彼は自分の目に映った事象をカメラを通じてとらえていますが、彼自身も窓の外を見つめる時に、自分の内面を見つめているのです。映画には、「僕」という言葉が何度も出てきます。映画のナレーションの役目を主観的な目となるカメラにも与えたことで、観客はやがて映画の中に作り手の主観が盛り込まれているとは感じなくなります。すると観客は、映画の外側にいるのではなく、窓から外を眺める側にいるのです。既に映画の中に入り込んでいるんですよ。個の視点で撮るという意味合いには、そういったことも含まれています。

──だから、この作品は様式としても面白いわけですね。それに、ネオリアリズムの要素がありながら、官能的でロマン主義的な要素も感じられます。

　いろいろなスタイルを意識して混合させたんじゃありません。別のものからあれこれとアイデアを借りたわけでもありません。結局映画は、人生に似ているんですね。ある瞬間、喜劇のように思えても、次の瞬間にはハラハラドキドキさせられる。自分の人生も一言で表すことができないようにね。いろいろな要素をはらんでいるものです。

──この作品の恋人たちは、最後に死んでしまいますが、あなた自身が生と死に関して考えるところはありますか？

　永遠の愛は、存在しないと思うんです。死んで初めて永遠の愛が証明できると言いますが、死んでしまったら愛も存在しなくなると思います。生活の中には、愛もそれ以外のものも含めた、すべての可能性があると思います。この映画のラストの死に関しては、現実のことなのか、それとも幻想なのか、それは観た人にゆだねたいと

思います。

──たとえば世代としてくくってみると、自国の歴史や政治状況を描くことの多かった第五世代の監督たちとの違いが、この映画には、如実に現れていると思います。個の視点で個を描くという物語の作り方において。

　我々はいわゆる第六世代の監督と世間に言われているのですが、一人一人まったく違う見解をもっているかもしれません。自分の身の回りのことに関心をもっている人が多いので、ますますその違いは広がっていると思います。中国は複雑な国で、地域によって開放の度合いも違いますから、矛盾の集合体のような国ですね。今の若者たちが直面しているものは複雑で困惑もある。だからより個に向かっているのかもしれません。僕個人について言えば、すべての愛情の物語にも、背景として政治的なものは入ってくるのだと思います。物語が生まれる場所の政治的社会的な側面とは切り離せない。ただ僕は、そこをことさら強く描こうとは思っていなくて、人の感情の動きを描くことに意味があると思っているんです。僕が興味をもっているのは、今日の生活。壮大な歴史よりも日々の生活の方が興味深いんです。

──映画を作るというスタンスにおいてはどうですか？

　どんな困難な境遇におかれても、自分の撮りたいものを撮り続ける。ここだけは譲れないですね。「ふたりの人魚」も叙述者の映画として感情が入っているから、私的な映画として語るしかないと思いました。でも、そんな風に自分の視点で映画を撮り続けると、とても疲れてしまうかもしれませんね（笑）。そういうスタイルで映画を作る人は、途中でプロデューサーをやったりしている人が多いんですよね。

——この映画の製作では、ずいぶん困難な状況においこまれたと聞いていますが。

そうです。脚本もできて出演者も決まり、撮影はスムースに28日間で終了しました。ところが、編集など撮影後の作業をする資金が足りずに、結局完成まで2年の月日を要することになってしまったんです。

——そこで、**海外から資金が集まった**わけですね。そのあたりのお話を聞かせてください。

ドイツ人プロデューサーのフィリップ・ボベールがこの作品への投資を決めて、共同製作をしてくれる人を探しました。20分くらいに編集したフィルムを見せて出資者を募ったんですね。この作品にはドイツや日本のお金も投資されていますし、ロッテルダム国際映画祭でのファンドも受けました。国内でお金が集まらなければ国外に出るしかない。そのメリット、デメリットに関しては、一概には言えませんが、インディペンデントの作家は資金調達の範囲を広げるべきですね。そうすれば自分の才能を認めてくれる人と出会える可能性も広がります。それによって、中国の観客と乖離するということはあり得ないでしょう？ お金には国境がないと思いますから、どこから資金が調達されようが、自分の撮りたいものを撮るという姿勢には変わりがないんです。だからこそ、この映画を中国の人たちに観てほしいと思っています。

——アップリンクもボバー氏から20分のフィルムを見せてもらって、今までも見たことのないような斬新さを感じて即、出資を決めました。それが1999年の冬のことで、完成後の2000年にはロッテルダムのグランプリを受賞し、映画祭のマーケットでも最高の動員を記録し、20ヶ国以上の国が権利を買いました。これは稀に見る成

功だと思いますが。

　ありがとうございます。大きな成功を収めたというよりも、ただ
ただ自分は幸運だったと思います。僕の作品が国境を超えてたくさ
んの人に認めてもらえたということは、本当に嬉しく思っていま
す。それに、今回の映画では、製作の人や配給会社の人、いろいろ
な人にも出会えて、これが今後の自分にとってとてもいい経験だっ
たと思います。個人のものとして出発した映画でしたが、今はみん
なのものになっているんですよ。それが、嬉しいです。

――この作品は製作から、多くのヨーロッパの人たちが参加をし
ていますが、とりわけ面白い作業となったのが、音楽を担当したホ
ルグ・レンバーグとのコラボレーションではないですか？

　そうです。70数人の音楽を聞いた末に彼に決めました。彼にはベ
ルリンで会って、テーマについての議論をして、具体的なものが固
まってから実際の作曲に入ってもらいました。ミキシングは北京で
行いましたが、進行にそって音楽をEメールでやりとりしたわけで
す。最初、MP3の方式で試験的に数十秒の音楽を送ってもらいまし
たが、すごくクリアな音を聞いた時には嬉しかったですね。ドイツ
の片田舎に住んでいる彼と北京に住んでいる自分がそんな風にタイ
ムラグなしに仕事ができたことが、すごく面白かったです。

――あなたは、1965年生まれですから、中国の人がそんなに自由に
海外に行けなかった時代も知っていると思いますが、今映画という
仕事を通じて、自分が世界中を回っていることに対してどう感じて
いますか？

　映画学校に通っている頃には、想像もしていませんでした。当時
は映画を撮ることができればいいなと夢を見ていたくらいですか

ら、こんな日が来るとは思ってもいませんでした。もっとも、いまの中国は、お金さえあれば、海外旅行も自由にできるようですけれども。

——ところで、演出家としてのあなたのスタイルというのは、どういうものですか？

　特にそういうものは、もたないようにしています。作る映画によって、撮り方も変わると思いますから、固定された観念は、ありません。独自のスタイルというものはないんです。

——誰か影響を受けたクリエイターはいますか？

　映画人では特にいないと思います。デザイナーの川久保玲さんは好きですね。彼女のコレクションのビデオを見た時、衝撃を受けました。既成のものを打ち破っている感じが好きだし、すごくパワーがあって、尊敬しています。残念ながら、彼女の洋服を着たことはないのですが（笑）。

——コンピュータやデジタルビデオなどが今後ますます進化することで、より映画が撮りやすくなると思いますか？

　確かにツールが発達することで、資金面で楽になることはあるかもしれませんが、だからこそなぜ自分は映画を撮るのか、という根本的なことがより問題になると思います。それを自分に問いかけることがね。

——それにしても、コンピュータを通せば、いとも簡単に海外との共同作業ができる時代に、この作品が自国の検閲を通っていないというのは、残念なことですね。

本当にそうです。「ふたりの人魚」も2000年の初めに北京電影局に許可申請を出していますが、まだ返事は出ていません。検閲に関しては、他の監督同様にいろいろと語ってきましたが、もう何も言いたくありません。本当は検閲制度のばかばかしさに皆とっくに気がついていて、改革しなければならないと感じていると思うんですけれどもね。この映画は、数十の国に権利が売れ、タイム誌の2000年ベストムービーの1本に選出されたというニュースも聞きましたが、中国でこの映画が公開されたら、きっとそれが一番嬉しいと思います。

――監督はテレビの仕事もしていますね。スーパー・シティ・プロジェクトは、どのようにして始まったのですか？

　以前からテレビ番組を作らないかと誘われていたんですが、その時は興味がなくて断わったんです。でも今回は、その申し出を受けました。期待されているよりも、もっと面白いものを作ることに神経を注ごうと思い始めたんですね。そこで僕がプロデューサーになって、将来有望ないわゆる第六世代の若手作家を10人集めたんですよ。テレビのシリーズものを作るということで。それがスーパー・シティ・プロジェクトです。彼らの多くが30代、北京電影学院の卒業生です。僕が資金を集めてきて彼らに撮りたいものを撮れと言ったんです、心を抑制しなくていいからと言ってね。でも結局、完成できたのは5人だったからプロデューサーとしての成功は、まだ収めていないわけです。またトライしないと駄目ですね（笑）。

――21世紀に向けてのプロジェクトや、21世紀だからしたいことはありますか？

　そういう区切りで考えることはありません。今僕は二つこの企画

をあたためているのですが、まずこれを何とか形にして一つずつ完成させることを考えています。

——期待しています。最後の質問になりますが監督は、映画館を出たあと、この映画を観た観客に何を感じて欲しいと思っていますか？

　何を感じて欲しいかは重要じゃありません。カメラが止まった後も物語は続いているんですから。唯一の違いは、もうカメラを通して映画を見ているんじゃないっていうことです。

（「ふたりの人魚」パンフレット（2001年／発行：アップリンク）より採録）

「二重生活」
男と女、現在の孤独についてのカンバセーション
ロウ・イエ × 鈴木杏

構成 金原由佳

　ロウ・イエ監督と女優の鈴木 杏が語り合った。現代中国人の埋めようもない孤独を描き続け、"映画の詩人"と呼ばれるロウ・イエと、大人の色香を漂わせる女優となった鈴木杏。ひとりの女性だけでは満たされない思いを抱える男と、彼に振り回される3人の女。衝撃的な愛憎劇を描いたロウ・イエ監督最新作「二重生活」を通して、男と女、現在の孤独についてのカンバセーションが展開した。

鈴木（以下A）　「二重生活」を見て、いろいろと考えさせられてしまいました。この映画っておそらく男目線で見た風景と、女性目線で見た風景の間にはものすごく違いがあると思う。

ロウ・イエ（以下L）　杏さんの目線を通すとどういう物語に映りましたか？

A　面白い、っていうと変に聞こえるかもしれないけれど、精神的に自立している女性の方が、恋愛関係においては切ない結果となってしまうのが、実にリアルだなと感じました。この映画の真ん中にいるのはヨンチャオという男性ですけど、彼が憎めないんですよね。セクシーだし、優しいし、ときどき「ああ、もう、男の人って!」、「しょうがないなあ」って思えてしまう言動や表情を見せるから。

L　杏さんのその言葉を聞くと、ヨンチャオを演じたチン・ハオはすごく喜ぶと思います。というのも、中国でこの作品が公開されたとき、ヨンチャオという役柄のせいで、彼はずいぶんと批判を受けたんです。それだけ、彼の演技が、杏さんが言うようにリアルだっ

たから。

A　そうだったんですか？

L　彼が役そのものの人物だと思われてしまったんですね。ヨンチャオは、すてきな妻がいるのに秘密に愛人に男の子を生ませていて、それでも飽き足らず、次々と出会い系サイトを通して若い女性たちと情事を重ねている。この映画の登場人物たちはどの人も何かしらの幸せを得ようとして行動を起こす。その動機は間違っていないんです。でも、最終的には不幸へと転がって落ちてしまうんですね。

A　幸せになりたいという願望は誰しも持っているものじゃないですか。現在の中国の問題がその行動の中にいろいろと絡んでいるのだろうけれど、でも、描かれている男女の愛憎関係は普遍的で、その感情は日本でも、世界のどこだって起こり得るものだと思いました。そういう意味では誰も悪くないのに、すごく悲しい出来事を引き寄せてしまう。

L　こういう何か不幸な出来事が起きてしまった場合、それを忘れずに記憶として留めておくことが重要だと思って、僕はそういう題材を映画にしているようなところがありますね。

A　覚えていなきゃいけないんですね。いま、ちょっと、ズシンときました。世の中に起きている出来事の中で、幸せなことだけじゃなく、悲惨なこともそれぞれ心に留めておくこと。それを忘れないことが未来への鍵なんですね？

L　僕はそう思って映画を撮っていますね。

**何か不幸な出来事が起きてしまった場合、
それを忘れずに記憶として留めておくことが重要。**

L　映画の冒頭で、シャオミンという若い女性が亡くなってしまいますが、僕としては映画の中では彼女の精神は死んでいなくて、ずっとあそこにいて漂っているつもりなんです。日本では死者の魂を弔うために紙銭（しせん）って燃やしますか？

A 地方によってはそういう風習もあるようですが、灯籠流しの方が主流かもしれません。映画の最後の方で、亡くなったシャオミンの母親が紙銭を燃やす場面がありますが、おそらくシャオミンも、母親も、普通の幸せを望んでいたはずなのに、なんて遠いところに連れて来られてしまったんだろうと感じてしまいました。

L 鈴木さんはこの映画の中に出てくる女性の中では誰に一番、シンパシーを感じますか？

A うーん。私はヨンチャオの妻のルー・ジエにタイプとしてはとても近いと思います。彼女って、グレーゾーンは耐えられないタイプ。夫の不貞を知って、そのまま知らんぷりして暮らすこともできたのに、何が起きているのか全部知りたがるし、夫だけでなく、彼が関わる女性たちの関係においても、白黒はっきり付けたくなっちゃう。だから見ていて、「そうだよね、我慢できないよね」って、自分のことのようでつらくなっちゃいました（笑）。

L じゃあ、ヨンチャオの愛人のサン・チーはタイプではないんですね？

A サン・チーって、曖昧な関係でも文句は言わないし、そこに耐えて黙って待っていられる。もしかしたらそういう女性の方が強いのかな。意外とルー・ジエの方が脆いのかもしれない。映画の中では女性たちの各々の強さと各々の弱さが描かれていて、その各々の部分に「わかる　わかる」、「これは私と違う」と照らし合わせながら観てしまいました。

L すごく参考になります（笑）。

**本当に欲しいものが何かよく分からないというのは、
中国も日本も共通するものがあるような気がします。**

A 監督はルー・ジエ役に、「天安門、恋人たち」(06)でも主演女優だったハオ・レイさんをキャスティングされていますよね？「天安門、恋人たち」が中国の検閲で問題とされ、中国では5年間、製作を禁止されましたが、監督がその復帰作にハオ・レイさんを再び

呼んだのは、やはり信頼関係からですか?

L　映画の製作禁止の処分を受けている間、彼女には一度も連絡していなかったんです。ルー・ジエ役についても当初は何人もの女優に会って、時間をかけてキャスティングをしていたんですけど、しっくりこなくて、よくよく考えるとハオ・レイにぴったりだなぁと思って連絡をしたんです。彼女は感性の女優で、舞台の経験も豊かですから。

A　心の揺れの繊細な積み重ねが印象的で、どうやってこういう演技を引き出すんだろうとも感じました。本当に役として生活しているように見えるのはきっと監督と強い信頼があるからだと思いました。ヨンチャオ役のチン・ハオさんは「スプリング・フィーバー」(09) に次いでのコラボレーションになりますが、本当にほおっておけない空気を放つ男優さんですよね。なんていうのか、母性本能をくすぐられるというか。

L　彼が良いのは、演技するというよりも、相手の女優さんの心情に反応するところですね。

A　監督の映画の撮り方にも興味があります。撮影中は粘る方ですか?

L　僕の映画の撮り方は、クランクイン前にたっぷりと時間を取って、そこでは俳優だけでなく、撮影、照明、美術のスタッフ全員も加わって、台本の読み合わせを最初から最後までするんです。細部まで徹底的に議論して、決めていくという過程を積みます。2週間ほど、その作業を重ねたら、クランクイン後はもう、現場ではみんな、何も言わない。ハオ・レイにはルー・ジエが住んでいるという設定のマンションに数日間、本当に暮らしてもらいましたし、サン・チー役のチー・シーには子どもに慣れてもらうために児童館に行って一緒に遊んでもらったりして、さらに実際に愛人生活をしている女性たちに会って、話を聞いてもらいました。

A　ヨンチャオは?

L　IT企業のCEOという設定だったので、実際に新興企業に入社

してもらって、数日間社員として働いてもらいました。

A　ええ。すごい！

L　そこの社長とも話をしてもらったんですけど、本当はもっと長く働いてもらう予定が、一週間ほど経って、「CEOとはどういうものか分かった。もう、会社で働かなくても大丈夫だから辞めて、次は女の子と遊びたい」と言い出して、「あぁ、これはヨンチャオそのものだぞ」と安心しました（笑）。

A　（笑）。監督は、ヨンチャオが抱えている空虚感は何が原因だと思いますか？

L　ヨンチャオみたいな男性って中国の中産階級にすごく多いと感じますね。仕事ではそこそこ成功していて、お金もたっぷり持っている。でも、本当には何が欲しいのかは分かっていなくて、自分の人生をはたと見回したとき、まだ何も満たされていないことに気付いてしまう。そういう心許なさを抱えた男性はいま、中国ですごく増えていると思います。でも、中国だけの話でもないと思う。日本でもいると思いますが、杏さん、どうですか？

A　うん、男女ともにいると思います。私は日本においては"ゆとり世代"と言われる世代に属するんですけど、何もかも適当にあるから、本当に欲しいものが何かよくわからないというのは、中国も日本も共通しているような気がします。サン・チーみたいな境遇の人だって、多いと思います。

L　中国ではこの映画の公開後、いろんな論議を呼んだんです。例えば、ルージエの生き方を論じるものや、サン・チーみたいに愛人としての暮らしを選ぶ女性を検証するレポートや、気軽に出会い系サイトを利用する1980〜90年代生まれの若い女の子たちの実態を論じたものなど。でもね、ヨンチャオだけは、社会的にまったく話題にならなかった。「これはどうしてだろう？」とチン・ハオと話し合ったんだけど、杏さんはどうしてだと思いますか？

A　なんでだろう？　男性たちにとっては都合の悪い話だから？

L　たぶん、ヨンチャオみたいな男性があまりにも社会に多く存在

しているから、あらためてマスコミが話題にする必要性がないからなんじゃないか。それが僕とチン・ハオが得た結論ですね。

A　なるほど（笑）。

L　今日杏さんとお話し、とても丁寧に言葉を選んでお話する姿勢を感じて、良い女優さんなのだろうと確信しました。思ってもないようなことは絶対に言わない、素敵な方だなと。

（「AJ」（2015年）（発行：ぴあ株式会社：刊）より採録）

「スプリング・フィーバー」
中国での自由と不自由について
ロウ・イエ ✕ メイ・フォン

——海外の映画祭に参加して外国から中国を見る事が出来るふたりは、中国での自由と不自由についてどのように考えているか聞きたいと思います。

ロウ・イエ（監督）（以下L）　まず、「スプリング・フィーバー」に続く新作をパリで撮影できたのは、自由ということです。そして「スプリング・フィーバー」を撮った後、当局から何も言ってこなかったということ、これもまた自由と言えると思います。

——ロウ・イエ監督は以前「中国で生活するということは、常に政治的なことと向き合っていくことだ」と言っていましたが、メイ・フォンさんはいかがですか？

メイ・フォン（脚本）（以下M）　私は映画を学ぶためにパリにいましたが、パリは映画を勉強する上では最もいい場所だと言われるのに比べて、中国で映画を学ぶことは難しい。それは、中国で映画を作るとなると、伝統的な文化を重視することと、現実の中国の状況の両方が大きく関わってくるからだと思います。パリにいる間は「自由とは何だろう」という抽象的なことを考える必要はありませんでしたから。フランス人はよく「ハリウッドの映画は観ない」と言いますが、そこには価値観の多様性があります。ただ、動員のランキングが発表されると、実は上映3位を占めるのはアメリカ映画だったりもしますけど

（笑）。中国で映画が現実の社会と関わっていくためには、フランスのように価値観の多様化、すなわち自由化することが必要なのではないでしょうか。その多様化ということ以外は、パリで生活していても東京で生活していても、どこの都市にいてもそんなに変わりはないと思います。

──天安門事件のときにワン・タン（玉丹）かウ・アル・カイシだったか覚えていませんが、「自分たちはジーンズが履きたい」と言っていました。

いまは、自由というものは
ジーンズよりももっと複雑になっています。

L　ワン・タンが言った自由は、当時の状況での言葉だから、納得できます。最近比較的自由化されているということは、天安門事件から20年来の大きな進歩だと思います。ワン・タンは、ニューヨークで私たちの「天安門、恋人たち」を観て、「必ずしも映画の内容には完全に同意はしないけど、天安門事件については、いろんな人のいろんな見方があっていいと思う。映画監督がこういった見方をして作品を撮ることは、正しいことだと思う」と言いました。この「スプリング・フィーバー」は、今年の9月に台湾で審査の面で上映中止になるかもしれないという問題になりました。そのとき助けてくれたのが、ワン・タンだったんです。彼は、この映画を台湾で上映できるようにと台湾側に働きかけてくれました。そのことに関して、ワン・タンにとても感謝しています。いまは、自由というものはジーンズよりももっと複雑になっています。

──中国ではない台湾がこの作品を見せたくないと考えるのは、この作品の抱えるテーマに体制側が見せたくないと思うものが含まれてるということなんでしょうか？

L それは内容がどうということではなく、僕自身が5年の映画製作禁止を受けている監督だからで、台湾政府の中国政府に対する配慮によるものです。結果的には、この「スプリング・フィーバー」は台湾で上映されることになりました。

——ところで、郁達夫（ユイ・ダーフ/イクタップ）の小説を原作にされていますが、彼はどのように中国で捉えられているのですか？

M 郁達夫の小説についてはいくつかの特徴が挙げられますが、文学史上の位置としては主流から少し外れたところにあると言われています。彼の非常に情感溢れる作品は、命を真摯に見つめて描くことから生まれています。純文学という位置づけになりますが、かつて20年代、30年代に台頭した左翼作家連盟の作風とは大きく異なるもので、決して革命的なものではありません。また非政治的な色彩があるというのが大きなポイントです。私はまずこの「スプリング・フィーバー」の台本を書く前に、ロウ・イエ監督とだいたいのコンセプトを固めておきました。脚本の第一稿を書くにあたり、現代を背景にした普通の若者が直面している悩みや苦しみなどを描いていこうと決めて書き始めました。その第一稿には、まだ郁達夫という要素はありませんでした。それから私が台本を書き上げて、ロウ・イエ監督が修正していき、ふたりで話し合っていく中で、ロウ・イエ監督が郁達夫をここに入れようと提案しました。1920年代の中国の文学界にあっては、郁達夫は本当に異端者だったと思うんです。乱世の当時、社会を漂流するような雰囲気を持つ作家でした。また、郁達夫を加える前には、アイリーン・チャン（張愛玲、「ラスト・コーション」の原作者でもある女流作家）も候補に挙がっていました。

——当時の中国がいまよりももっと政治的な国だとすれば、そういう中で人の命の本質を見つめる、漂うという不安定な生活の人を書くということは、体制側から見れば非常に反社会的な生き方です

よね。あるいは、体制が思うひとつの価値観ではなく、自由で多様な人の命を忠実に描くということは、体制側からすると反社会的にも思えるので、逆に言えば非常に政治的な作家という風にも見ていいのでしょうか？

L　たしかにそう言えるかもしれない。非政治的であることが政治的で、政治を回避する態度こそ政治的な態度とも言えます。あの時代に個人的な生活を描くということ自体がすでに政治的な行為だったかもしれないです。

——映画の最後に旅する3人は、ひとりの人を愛するということに囚われず、愛については自由に見えます。一方、自殺するワン・ピンは、3人と比べて、ひとりの人しか愛さないということに囚われているのでしょうか？

自由というのは、選択肢の多さを意味しているんだと思います

L　いえ、ワン・ピンは妻のことも大事にしておきたいと思ったんです。本当は彼は妻を悲しませたくないから、家庭もきちんと平和なまま続けていきたかった。それと同時にジャン・チョンとの関係も続けていきたいけれど、彼がやろうとしたことは、うまくいかなかった。ただそれだけで、決してひとりの人しか愛さないということではないんです。

M　先ほど「自由とは何なのか」という非常に抽象的な質問をいただきましたが、この「スプリング・フィーバー」の人物にかえって考えると、自由というのは、選択肢の多さを意味しているんだと思います。例えばふたりの間でお互いに選択しなければならないとき、そこでどのような自由度を持つかということが決まってくる。ワン・ピンもひとりの人を愛しながら、もうひとりの人もちゃんと

残しておきたいと考えているんです。そこに彼の選択が働いたんだけれど、叶わなかった。うまくいかずに彼は自由を失ってしまって、自殺に追い込まれたということになります。

——ワン・ピンは、結婚という世間体を維持しておきたかった、というのは間違った見方ですか？

M　それは、観客のみなさんがいろいろ考えて観てくださるなかのひとつの見方だと思います。

——ではメイ・フォンさんは、脚本では彼がふたつの選択を同じような重さで持っているように描いたのですか？

M　ワン・ピンのふたりへの愛のどちらが重いかというと、当然ジャン・チョンのほうを愛していたと思います。ですから脚本もジャン・チョンとの愛を豊かにふくらませていきました。彼にとって結婚というのは日常のことなんです。あまりにもありふれた愛の状況というのが日常の結婚生活であって、その状態に飽きがきている。それを変えていったのが、ジャン・チョンとの愛なのです。でも彼はそこに失敗して、あのような結末になってしまったわけです。

——先日のトークショーでロウ・イエ監督は「結婚は社会を安定させる装置だ」と言っていましたが。

L　それはどこでも同じだと思います。やはり結婚という制度によって社会の秩序が保たれているということです。
M　私も彼の考え方に賛同します（笑）。アイリーン・チャンは「結婚は合法的な売春だ」とさえ言っています。
L　彼女はすごいですね。

——ゲイ・カップルが出てきますが、愛を描いているけれど、いわゆる結婚制度から外れたカップルを描いているのは意識的にですか?

M　まず題材についてですが、これは映画製作の思考方法に大きく関わってきます。20世紀の映画製作において、フランスのヌーヴェルバーグとカウンター・カルチャーの思想は、1968年に起こった五月革命によって、さらに新しい文化の可能性を提示しました。その後、今度はアメリカがヌーヴェルバーグの思想に影響を受けることで、アメリカン・ニューシネマとしてヌーヴェルバーグの反逆の精神が導入されていくことになります。しかし80年代になると再び伝統的なものに回帰する現象が起こりました。保守的な政策が敷かれ、社会の安定が第一とされた状況が生まれることで、60年代のヒッピー文化はだんだんとなくなっていったのです。そして90年代に入ると、ニュー・クイア・シネマが登場し、インディペンデント映画のムーブメントが起こってきます。90年代以降のニュー・クイア・シネマが生んだ衝撃によって、同性愛についての様々な運動が展開されるなかで、「ブロークバック・マウンテン」や「ブエノスアイレス」といった映画がその思想と結合するように出てきました。そうした状況から、中国でも同性愛を題材とすることで、思想的なものを映画により試すことはできないだろうかと考えられました。家庭や婚姻の制度は、私たちにとってある程度の縛りではあるけれど、それ以外にも愛による縛り、難しさというものが存在るのです。

L　そして環境による圧力もあります。

——ロウ・イエ監督は愛の困難さをどのように考えていますか?

愛の困難というのは、愛の不自由である。
その不自由は、政治の不自由でもある。

L　まず人間の生活には幸福な状態がたくさんありますが、そういう幸せな状態を映画に撮る必要はないというのが前提にあります。最終的に人を愛する能力があるのかないのか、人を愛する資格があるのかどうかというところが問題になってきます。トリュフォー監督が「突然炎のごとく」で描いているのもひとつの愛の困難の現れですよね。私の考えでは、ハリウッド映画のなかではいつも安定した愛のかたちが提示されています。愛の幸せ、そして愛のロマン、いかに愛が簡単なものなのかがよく言われます。ですから結局はハッピーエンディングで締めるというのがハリウッド映画です。でも私たちが目指したのは、中国の現状に直面した映画です。カンヌ国際映画祭で上映された後に、インターネットである人がこう言っていました。「愛の困難というのは、愛の不自由である。その不自由は、政治の不自由でもある」。この3つは強く結びついているんです。

──映画の最後で3人が水辺で戯れているところは、選択肢があって自由なんだけれど、なぜか寂しさを、そして孤独を感じます。

L　その通りだと思います。実はあれに至るまでにはいくつかのバージョンがあるんです。あそこでの3人は既に自由になっているんです。湖で遊んでいる場面は、自由の後の孤独が感じられます。もしハリウッド映画であれば、あそこで終わらせると思う。でも問題はその後なんです。3人は自由を得たけれど、自由の後のそれぞれの面倒というもの、人生の複雑な問題にお互いに直面していかなければならない。その後半がまた重要なんです。ほんとうの自由を得られたとき、それは前の状況よりもっと厳しい問題が彼らの前に降りかかってくる。そのような意味をこめて撮っています。昨年の

フィルメックスで上映後Q&Aのときに観客がこのような質問をしました。「最後にジャン・チョンはああいう結末を迎えて、幸せなんですか?」と。そのときに私は「ジャン・チョンはすごく幸せなんだ」と答えました。彼らは自由を得たんです。ただ、自由で幸福な状態にいるんだけれど、彼はまだワン・ピンを忘れられないでいる。そこにメイ・フォンが言った愛の問題、愛の難しさが現れてくる。

——仮に社会的要因による束縛がまったくなくなったとしても、人は誰かを愛することで自由が束縛されるということがある。愛することは自由を束縛することでもあるし、最も自由なことは愛することでもあるという、常に両方のことを考えさせられる映画で、すごく普遍的なテーマだと思いました。

L　確かにそうですね。どこまでいっても解決できない問題があります。

——最終的にこの映画を観て孤独をすごく感じました。孤独は生きていくために必要な力である、それは愛するために必要な力でもあること。映画のなかに挿入される郁達夫の言葉は、そういう意味では非政治的であるがゆえに政治的だし、人として生きる力を書いた郁達夫の言葉を引用しつつ描かれた「スプリング・フィーバー」も、非政治的であるがゆえに政治的な映画であると思いました。

M　もし中国の審査制度がすべて撤廃されたとしても、もっと大きな不自由なところに入っていくかもしれないですね。
L　いまフランスでフランス語で撮っている新作は、審査というものがなく自由に撮れました。この「スプリング・フィーバー」を撮影するときも、中国の審査制度を気にする必要がなかったので、完全に自由に撮れた。その代わり、私たちが直面したのはもっと別

の、愛というものをどう解釈して撮るのかという大きな問題でした。自由がないときは、自由を最終の目標にしてしまいがちです。でも、自由を得てしまえば、それを失ってしまうことが問題になるのです。

――一度手に入れた自由、一度手に入れた愛、人は今度はそれをいつ失うかという事に恐れ、不自由になる。本当に自由でいること、イコール本当に人を愛するという事はたやすくないことです。だからこそ、本当に人を愛するという事は美しい行為であり、同時に孤独でもあるのだと強く感じました。

L　そうですね。

（「スプリング・フィーバー」パンフレット（2010年／発行：アップリンク）より採録）

「スプリング・フィーバー」に参加した若いスタッフたち

「ふたりの人魚」（蘇州河）から
「サタデー・フィクション」（蘭心大劇場）まで
——私とロウ・イエ監督の20年

文 馬英力〔マー・インリー〕（脚本家／プロデューサー／ドキュメンタリー監督）
企画・翻訳 樋口裕子

　今回このエッセイの企画者から提案されたテーマを見て、私は彼女に言った。「なんて偶然なの！　数年前にある出版社と執筆契約をした本のタイトルとまったく同じよ」と。ただ、その本はまだ書き終えていない。

　上海の"蘇州河"から"蘭心大劇場"までは、地図上では4.5キロしかないが、私とロウ・イエはその距離を20年の歳月をかけて一緒に歩いてきた。

二〇〇〇年　「ふたりの人魚」（蘇州河）

　たぶん1998年の秋だった。当時、私は留学と仕事ですでに10数年ドイツに滞在し、35ミリの長編劇映画1本とドキュメンタリーも1本完成させていて、ちょうど次に撮る作品の題材をリサーチするために中国に戻る予定だった。ある日、卒業して何年も経つベルリン映画アカデミーにたまたま立ち寄ったとき、学院長の秘書から、ベルリンに住んでいるフランスのプロデューサーが私を探していると言われた。そして、会ったのがフィリップ・ボベール。中国の映画監督と共同制作をしているのだが、映画がわかって通訳もできる制作助手が必要なので、ぜひ参加してほしいという話で、私は承諾した。
　しばらくして、ロウ・イエ監督がベルリンに到着し、「ふたりの

人魚」のポストプロダクションの仕事が始まった。たしか編集担当のカールと毎日仕事をしていたが、またプロデューサーのフィリップと編集について数えきれないほどの議論、口論を繰り返し、ほとんど毎日、仕事は深夜に及んだ。私が帰宅してからも、フィリップとロウ・イエは議論を続け、時には明け方までやりあっていたようだが、その頃のロウ・イエが英語がそこまで使えたとは不思議な気がする。ともかく2人は隣にある店を開けたばかりのベーカリーに行き、温かいクロワッサンを買い、ダブル・エスプレッソを飲んでその日の仕事を終えていた。意思の疎通というのは容易ではない。私は自分がこの2人の男性の間に渡された橋のようだと感じた。映画について、観念について、文化や人、全てにおいて差異があった。むろん共通の認識も多々あるにしても。

　そんなある日、フィリップは私を彼のキッチンに呼び入れると、とても真剣な面持ちで尋ねた。「君は私の助手なのに、どうして編集の議論になるとロウ・イエ監督の肩を持つのか」と。私は笑って「そんなことありませんよ。私はただお2人が互いをよく理解できるように努めているだけです。それに私と監督は同じ文化がバックグラウンドなので、ロウ・イエ監督が映画で表現したいものがより理解できるからでしょう」と答えた。何年ものちに、それは恐らく彼の敏感さゆえだったのだと気づいた。私自身が意識していなかったある感覚を、彼はすでに予感していたのだと思う。

　「ふたりの人魚」はフィリップに共同制作とワールド・セールスの成功をもたらした。現在、彼はカンヌ国際映画祭のパルムドール受賞作品を2本も手がけたプロデューサーであり、やはり自分が良いと信じる映画を創っている。そして私たちもずっと彼と付き合いを続け、昔からの良き友人の間柄だ。

　映画を語ることを除き、ロウ・イエは内向的で自分の気持ちを伝えることが得意でなく、人付き合いも苦手なので、私たちの付き合いもほとんど映画の範囲に限られていた。なのに2人が一緒になっ

て、映画だけでなく人生の伴侶になろうとは、そのときは思っても
みなかった。

　私の34歳の誕生日、私たちにはもう一つ共同の作品ができるこ
とがわかった。新しい命、それが2人の人生の軌跡を変えたのだ。
　2000年の初め、私たちはその育みつつある命を連れて、ロッテ
ルダム国際映画祭に赴き、「ふたりの人魚」はタイガー・アワード
グランプリを受賞した。
　そこでロウ・イエは、アップリンクの浅井隆さんと出会った。彼
は「ふたりの人魚」をとても気に入って、その後もずっとロウ・イ
エの作品を日本の観客に紹介する努力をしてくれている。
　しかし、北京に戻ったロウ・イエを待っていたのは、活動禁止処
分の紙切れと即刻2万元の罰金を支払うべしという通知書だった。
無許可で国際映画祭に参加したというのがその理由だった。

　その頃のロウ・イエは、ますます口数が少なくなっていて、毎朝
早くから自転車に乗って仕事場に行き、夜遅くに帰宅していた。彼
は現実逃避をしていて、自分を完全に映画の中に閉じ込めようとし
ていたのだと思う。そして、次の映画はいったいどこにあるのか見
えないままだった。
　まもなく親になるという喜びとともに、その役割を担えるかどう
かという怖れ、また今後どうするのか、どうやって生活していくの
か、いつになったら映画が撮れるのか、全てが未知数、全てが混乱
し、激情、感傷、喜び、戸惑いが入り混じっていた。ベルリンから
北京、そしてまたベルリンへ、出会いと別れを繰り返す中で互いを
受け入れていった。
　息子が生まれる数日前にロウ・イエはやっとベルリンに駆け付け
てきて、どうにか間に合った。そのとき、ベルリン映画アカデミー
の先輩が「ふたりの人魚」を観てとても気に入り、「映画のベビー
がもう1人生まれたんだね」と私に言った。のちに金馬奨で脚本賞

を受賞したときのスピーチで述べたように、息子の成長はまさに私たちの映画の制作年代と重なっている。

二〇〇三年 「パープル・バタフライ」(紫蝴蝶)

　息子は生後2ヵ月半から私に連れられてベルリン、北京、上海を行ったり来たりし、国も都市もそれぞれ異なる6ヵ所の幼稚園を転々とした。私の生活の重心は昼間は子どもに置かれ、夜はしばしばロウ・イエと映画の話を遅くまでして、毎日疲れ切っていた。だけど、とても充実した日々だった。子どもに関することも含め、生活面のあらゆることについて、ロウ・イエは放棄しがちだったから、私たちはまた生活について、映画について、しょっちゅう言い争いをしたが、私の父母はとても私たちを応援してくれて、ずっと手助けをしてくれていた。

　この頃、ロウ・イエは絶えず「パープル・バタフライ」の脚本を修正していた。この映画の企画は、実は「ふたりの人魚」以前にあったのだが、2002年になってついに撮影が実現化したのだった。
　そういえば、2002年6月4日、ロウ・イエはロケ地の撫順(フーシュン)から電話をかけてきて、この日、全ての準備会議をキャンセルして、クランクイン前日の一日を独りで過ごしたいのだと言った。私たちの年代の者にとって、その日は永遠に深い想いに沈む日なのだ。
　翌日、「パープル・バタフライ」は、撫順にかつて日本人が建てたアルミ工場の跡地でクランクインし、ロウ・イエは主演の仲村トオルさんに言った。「これは過ちについての映画です。その過ちはかくも巨大で、かくも残酷なものでした。しかし、その過ちの始まりはまたいかにも理にかなっていて、いかにも自然だった。それは世界が残酷な戦争に突入する前の最後の静けさだったのです」と。

その日、私は北京にいて、2歳にもならない息子を連れて雍和宮〔ラマ教の寺院〕に行き、「パープル・バタフライ」撮影の無事を祈ってお参りをすることにした。寺に入るやいなや、息子は私のそばを離れて走り出し、いくつもの御堂の前で跪き、とても敬虔な態度で丁寧にお参りをした。その様子を見て私は驚いた。寺に連れてきたのは初めてで、お参りの仕方も教えていなかったのだから。私はロウ・イエにショートメールを送った。「線香を上げました。祈りは届くわね」と。のちに彼は私に言った。「撮影現場で、泣きそうになったよ」と。

　これは日本の俳優さんと初めて一緒に撮った映画で、仲村トオルさんはこの役を非常にすばらしく演じきった。章子怡〔チャン・ツィイー〕もその頃には国際的なスター女優になっていたが、撮影現場で私が目にしたのは、一生懸命に努力する若手俳優としての姿だった。こうした役者さんたちとの仕事は、ロウ・イエにとって、とても良い経験になったのではないだろうか。
　2003年、「パープル・バタフライ」はカンヌ国際映画祭のコンペティションに選出された。

　「映画監督は、最も撮りたいと思うその時期に作品を完成させるべきだ」とロウ・イエはよく言う。「天安門、恋人たち」の脚本は2000年の冬に書き始めた。先に「パープル・バタフライ」を撮ることになるとは、そのときはまだ知るよしもなかったので、彼はますます焦りを覚え、早く撮らないと、このまま撮れなくなるかもしれないと感じていた。

二〇〇六年　「天安門、恋人たち」〔頤和園〕

「天安門、恋人たち」は青春期から大人になる若者たちのロード・ムービーで、東北部―北京―武漢―重慶、そしてベルリンへと移動

する。私たちは、80年代の若い女性が暮らしていた痕跡を探し求めた。それは人生の旅路であり、心の旅でもあった。そしてまた主人公の余虹〔ユー・ホン〕や周偉〔チョウ・ウェイ〕と同時代の私たちにしてみれば、避けて通ることのできない自己の青春の物語でもある。

そして5都市でロケをした最後の場所はベルリンだった。

その頃は、中国パートでの撮影のほとんどを終え、7時間に粗編集したものが完成していた。私とロウ・イエはベルリン部分の撮影について考え議論しつつ、脚本を何度も書き直していった。まだSNSもない当時、離れた場所にいた私たちは電話局にいったいどれほど電話料金を払ったことか。

2005年の年初だった。北京からベルリンにやって来たロウ・イエは部屋に入るやいなや、粗編集が終わったばかりの映像（大学の軍事教練のシーン）を見せてくれた。私たちはそれを見て気持ちが高ぶり、あの青春の血潮が沸騰するような時代に戻ったような気がした。学生時代のあの頃、彼は北京に、私はベルリンにいて、まったく見知らぬ2人だったが、当時世界の耳目を集めていた2つの都市にそれぞれがいて、歴史を目撃したのだ。これが「天安門、恋人たち」にどうしてもベルリンの部分が必要だった理由であって、この映画は単に中国だけの物語ではないのだ。

2005年3月、メインスタッフたち──花清〔ホアチン〕、徐楽〔シュー・ラ〕、曾剣〔ゾン・ジェン〕、富康〔フー・カン〕がベルリンに到着した。私たちはDAAD（ドイツ学術交流会）が提供してくれた宿舎で食卓を囲みお酒を飲み、みんな酔った。その日はロウ・イエの40歳の誕生日だった。

想像しがたい撮影だったが、私たちは最後までやりぬき、ついにベルリンで全ての撮影が完了した。まもなく5歳になる息子は幼稚園に通っていた。

「天安門、恋人たち」はたしかに多くの変化をもたらし、私たちの生活を大きく変えることになった。最も核心となる重要な決断をし

なければならないとき、もし自分の撮りたいように撮るとしたら、最悪の状況になる覚悟が必要になるだろう、とロウ・イエは言った。私は彼に言った。もし思いどおりに撮らなかったら、あなたはたぶん一生後悔するでしょうと。

その決断は、周知のような結果と直結することになり、ロウ・イエとプロデューサーの耐安〔ナイ・アン〕は5年間の活動禁止処分を受けた。それは2006年のカンヌ国際映画祭で起きた騒動のあとのことだ。今に至るも、禁止処分の理由を誰も私たちに明確に告げてはくれないのだが、おそらく"技術的な理由"という（国外の映画祭で上映を急遽キャンセルさせたときに使う）この言葉は、この事件ののちに生まれたのだろう。

　5年間の禁令によって、私たちは休眠状態に追い込まれた。完全な失業状態、流浪の身分になってしまったのだ。私は息子を連れて北京とベルリンを行き来し、家族の生計を維持するために奔走し、5年間、映画関係から一切の収入を得ることができない生活の備えをすることにした。幸いにも、私はまだBMWプロダクトプレイスメントの仕事を続けていたし、ヨーロッパのドキュメンタリーを中国で撮影するさいのプロデューサーの仕事も引き受けていた。

その頃の私たちは、落胆、焦慮、孤独、絶望の中で茫然と彷徨っていたが、どんなときも楽しく遊んでいる息子から大きな力をもらった。自分たちが間違いを犯したなどとは私たちは考えたこともなかったし、決して後悔などしなかった。2006年に禁令が出たのち、ロウ・イエは聶華玲〔ニエ・ホアリン〕女史の招きを受けてアイオワ大学に行き、そこで作家の畢飛宇〔ビー・フェイユィ〕と出会った。彼と同級生、友人となって一緒に授業に出て、議論し、口論もし、一緒に映画をやろうと相談もした。この3ヵ月は、ロウ・イエにとってとても大切な癒しの時間となったことだろう。もちろん、真に彼を癒すことができるのは唯一映画を撮ることよりほかになく、撮り続けねばならなかったのだが。

中国で活動禁止処分を受けた映画監督は彼が初めてではない。だが彼は禁止処分の期間、5年の間に2本の映画を撮った唯一の監督だ。

「未来はわからない。答えもわからない。ただ試してみたいと思うんだ」と彼はよく言う。

　意外にも、その5年間は、彼が最も自由な感覚で、最も楽しく映画に打ち込める時期となった。

二〇〇九年　「スプリング・フィーバー」(春風沈酔的夜晩)

　そういう自由と喜びは、私が息子を連れて「スプリング・フィーバー」の撮影現場を見に行ったそのとき、すぐに感じることができた。その頃は本当に状況がきびしく、とても貧乏で、撮影に参加したスタッフはみな新しいメンバー、平均年齢はほぼ20代だったと思う。まだ電影学院で勉強中の人もいて、ほとんどは長編の制作で初めて独立してメインスタッフとなった人たちだった。撮影の曾剣〔ゾン・ジェン〕、陸一帆〔ルー・イーファン〕、美術の彭少頴〔ポン・シャオイン〕、杜露希〔ドゥ・ルーシー〕、彼らが集まって、そして2台のPanasonic PD 150デジタル・ホームビデオで、という具合に「スプリング・フィーバー」の撮影が始まった。

　ロウ・イエの変化を私は強烈に感じていた。肩の力が抜けて、口数も多くなり、笑顔も増えた。彼は自在に、純粋に映画作りを楽しんでいる。おそらくそれは、逆境の中で漠たる苦しみを乗り越えて新たに勝ち取ったより強固で成熟した信念のゆえだろう。そのとき私は思わず口に出した。「今度の作品はとても重要で、すばらしい映画になるような気がするわ」と。

　この頃、私たちの息子は父親のそばに座って、じっと静かにモニ

ターを見ていられるようになっていた。息子に中国語を勉強させるために、北京の海淀（かいでん）区にある有名な小学校に入学させて、彼はつまずきながらどうにか3年生になった。なぜ“つまずきながら”かと言うと、幼い頃から私たちの自由な教育、開けた考え方の影響を受け、またこの子の生来持っている腕白で体を動かすのが大好きだという個性、それら一切は“素直な良い子”が基準で、成績で全てが決まる教育システムからすれば長所とはまったく認められないし、そんな子の母親は先生の目からすればしっかり躾ができない人なのだ。それでも私には、息子が心身ともに健康で優しく素直な性格だとわかっていた。そういう教育システムから離れる時が来ていた。

　そして、息子はベルリンの学校に転校し、私たちはベルリンとパリの間を頻繁に往来することになった。

二〇一一年　「パリ、ただよう花」（花）

　この頃、「スプリング・フィーバー」はパリでカラータイミングの作業を進行中、一方「パリ、ただよう花」の準備もすでに始まっていて、2本の映画の仕事が重なり、とても忙しかった。ロウ・イエは毎日アシスタントのシュー・ラ、そしてフランス側のアシスタントとともに、2つの制作会社のオフィスと編集室の間をせわしなく行き来し、同時に「パリ、ただよう花」のロケハンと役者の面接もし、また現像所に行って技術的な細部について確認作業をしなければならなかった。
　「パリ、ただよう花」はロウ・イエ初の外国語映画で、ヨーロッパで仕事をするのは3度目だったが、これまでに比べ滞在はかなり長く、ヨーロッパのチームとの共同作業をより深く広く体験するものになった。「ふたりの人魚」ではポストプロダクションを、「天安門、恋人たち」では一部の撮影を行い、「パリ、ただよう花」では

ゼロからスタートして現地で制作に臨んだ。文化の差異、言葉の壁、仕事のやり方や生活スタイルの違いがあった。そんな中で彼はやはり寡黙で、いつも内心に孤独と憂慮をかかえているのが私にはわかった。そして、それはまさにヒロインのホアの心模様にほかならない。そういう心情について、私たちはよく話題にした。たとえば私が21歳でドイツに来て暮らしたときのことを話したりして、お互いがよりわかり合えたような気がした。

　パリでの仕事は楽しく自由で、これまでなかったような記憶と経験を残してくれた。そして、この作品がヴェネチア国際映画祭でプレミア上映される頃、ロウ・イエの不可思議な"5年間の活動禁止"も終わりを迎えようとしていた。5年前に"禁令"を受けたときに心をえぐった深い傷はまだ少しうずいてはいたが、その悪運でさえ、今振り返れば運命が采配し与えたものなのだろう。それによって彼はより純粋に映画と向き合うようになったのだから。ずっと変わらず愛する映画と一緒にいられることに、私たちは感謝し、幸せを感じた。

　ロウ・イエがパリを発つ日の午後、荷物をまとめていると、南京にいる作家の畢飛宇から電話があり、こんなことを言った。「君のために考えてみた。君の好きな僕の小説「玉米(ユイミー)」は今撮るのは相応しくないと思う。どうかな、"推拿(トゥイナー)"を撮ったら？……」

　これが2年後の「ブラインド・マッサージ」の始まりだった。

二〇一二年　「二重生活」(浮城謎事)

　2011年に私たちは北京に戻ったが、何も変わってはいないように見え、また何かしら馴染めない雰囲気もあった。「二重生活」は活動禁止のあとにウォーミングアップをするような映画になるだろうと、ロウ・イエはよく言った。この映画を通して、中国という場所とそこに住む人々を新たに理解しようと思っていたのだ。ウォー

ミングアップという言葉の中には、映画言語と技術面のことも含まれる。もし「スプリング・フィーバー」で中国の伝統を考察し、文化の断層から派生したものを模索しようと試み、「パリ、ただよう花」では西洋を考察し、映画の中でも生活の中でもそこここに存在する洋の東西における差異を体得するものだとするならば、「二重生活」の重要な準備作業というのは中国、アジア、日本を含めた地域を新たに考察しとらえ直すということだった。東洋の異なる文化、社会が映画言語に与える影響を考察しようというのだ。当時、中国の社会経済の劇的な状況は日本のバブル経済期と似た様相を呈していたが、それよりももっとシュールでクレイジーだった。このようなことを考える準備段階の仕事は、ロウ・イエが「二重生活」の映画言語の基礎を確定する上で大きな役割を果たした。

　活動禁止処分が解かれたということは、またしても電影局に申請を行い、検閲を受け、修正し、再び検閲を受けることを意味する。つまり、このような映画以外のことに多くの時間とエネルギーが費やされることになり、自己の作品を守ろうという作家が傷つけられるという避けられない状況を意味していた。結果、この作品が国内で上映されたとき、彼は"監督"のクレジットを放棄することになった。

二〇一四年　「ブラインド・マッサージ」(推拿)

　畢飛宇は最初から彼の小説「ブラインド・マッサージ」の脚色に私を指名し、ロウ・イエも賛成だった。だが私は固辞し続けていた。というのも、小説があまりにすばらしく、かなり長編なので脚色は相当難しく思われたからだ。ところが、畢飛宇は「天安門、恋人たち」の中に私の影が見えた、私特有の視点と女性の繊細さを感じたと主張して引かなかった。「天安門、恋人たち」で私は部分的に脚色に加わっただけだが、作家の鋭敏な感性に恐れ入った。第一

稿ができ、ロウ・イエは、20万字の小説が4万字強の脚本になったが、何かが抜け落ちてしまったような感じはしないと言った。畢飛宇は完成した映画を初めて観たあとで、自分の小説からどこが削られたのかよくわからないと言うので、私は笑って、褒めてくれているみたいねと言った。

　これは私が単独でロウ・イエ作品の脚本を担当した最初の作品で、またここから2人の協力が新たな段階に入ったのだと思う。

　「ブラインド・マッサージ」は芸術映画というよりはむしろ実験映画だ。プロの役者と素人の役者が混じって演じることにせよ、完全に手作りの方式で視覚障害を再現し“盲人の視覚”を表現したことにせよ、全ては実験を繰り返し、絶えず変更していく中で生まれた。ロウ・イエは、どの映画にもそれ自体の命が宿っていると信じている。彼の仕事は様々な方法を試して、その命の在り処を探ることだという。実際、このように物事を進めながら探していくことは、彼の全ての作品の仕事を通じてたしかにあった。脚本、映像あるいは編集、音楽にも……。

　あれは「天安門、恋人たち」の作曲家ペイマン・ヤズダニアンと仕事を始めたときのこと。ペイマンはどうしても感覚がつかめず、仕事場で何度か話をするうち、ピアノをここに入れてもらえないかと言った。そして、ある日の深夜、何杯かワインを飲んだあと、彼はロウ・イエと話をしながらピアノの鍵盤を叩いていたが、ある瞬間、映画のテーマとなる曲が流れ出てきた。

　2013年に私たちは新しいスタジオを作る場所を借りた。当時、私の父の病は重く、私はスタジオの内装工事現場と海淀区にいる父の病床を行ったり来たり慌ただしかった。父が亡くなってまもなく、以前は工場の倉庫だった所に作った新しいスタジオに私たちは引っ越していき、ロウ・イエはやっと彼の“Dream Factory”を持

ち、工場で映画を作るという夢を実現させた。父は臨終になる前、ロウ・イエに「自分の好きなことを一生できたら幸せだね。君たちは幸運だよ」と言った。父は私たちの「ブラインド・マッサージ」の上映も、映画祭での受賞の様子も見ることができなかったが、私たちが今も諦めることなく、自分の好きなことをしているのを見守っていることだろう。

二〇一八年　「シャドウプレイ」(風中有朶雨做的雲)

「シャドウプレイ」はロウ・イエ作品史上、最も苦難を強いられた映画だが、それは単に撮影そのものが理由ではない。それはまさに私のドキュメンタリー「夢の裏側」の中でカメラマンのジェイク・ポロックが「監督は大きなプレッシャーを感じているのがわかる……。多くのことが彼に制限をかけている……」と語っているとおりだ。

　2019年4月4日、「シャドウプレイ」は映画が完成してから2年あまりを経て、諸々の複雑な駆け引きの中、やっとのことで上映にこぎつけられたが、そのとき、私たちの感覚はもはや悲哀というか歓喜というか、あるいは気まずい苦笑いなのか、すっかりわからなくなっていた。

　時間は過ぎ去っていくものだが、その時間と伴にあった多くの思い出と時々の感情と愛は、過ぎていくことはなく、忘れられるはずもない。

二〇一九年　「サタデー・フィクション」(蘭心大劇院)

「シャドウプレイ」が完成してから遅々として公開の目途が立たないことから、見方によっては、「サタデー・フィクション」の制作に時間が割けたということになった。

劇場とホテルという閉じられた有限の空間は、ロウ・イエがずっと撮りたかったものだったし、そこに劇中劇の構造も加わったため、虹影〔ホン・イン〕の小説「上海の死」を原作に撮ることをロウ・イエはすぐに承諾した。

　私は今回も脚本を担当し、しかも初めてロウ・イエ作品のプロデューサーもすることになった。

　「パープル・バタフライ」から15年、ロウ・イエは再び上海に戻って映画を撮った。蘭心大劇場、彼が幼年時代を過ごした場所に戻ってきたのだ。ロウ・イエの両親は2人とも話劇の舞台俳優だったので、彼は幼い頃から劇場の楽屋で過ごし大きくなった。子どもの頃の面白いエピソードを私は何度も彼から聞いていたが、それがどこの劇場だったのか彼自身も覚えていなかった。
　ロウ・イエは撮影の邪魔になるので、親戚や友人が見学に来るのを好まなかったが、ある日私はほぼ強引に彼の両親を「サタデー・フィクション」の撮影現場に招待した。80歳を超えた両親は初めて息子の現場にやって来て、撮影を見ていた。2人は片隅に腰掛け、少し興奮した様子ではあるが、ずっと静かに見学していた。しばらくして、監督のお父さんが席にいないのに気づいた。現場は暗く、電気コードや器材であふれている。心配し始めたとき、お父さんが戻ってきて「ずいぶん長いこと舞台に立っていないから、あちこち見てきたよ」と言った。そして私たちが心配したのを知って、「ここで何十年も芝居をしていたんだから、どこに何があるか隅から隅まで知っている。たとえ目をつぶって歩いても平気だよ」と笑った。このとき、ロウ・イエは気づいた。道具箱によじ登ったり、照明の装置で饅頭（マントウ）の切れ端を炙って食べた記憶は全て蘭心大劇場のことだったのだと。ときに運命の巡りあわせというものは、あまりにもタイミングよくやって来るものだ。私が強引に手配したことに感謝しているとロウ・イエはのちに言っていた。生活、家族、演劇、

映画が、その一瞬に蘭心大劇場で一つになり、さらに多くの映画の意義というものを彼に感じさせたのだろう。

　2017年12月16日、鞏俐〔コン・リー〕、趙又廷〔マーク・チャオ〕、オダギリジョー、中島歩、黄湘麗〔ホァン・シャンリー〕、パスカル・グレゴリー、トム・ヴラシア、王伝君〔ワン・チュアンジュン〕、張頌文〔チャン・ソンウェン〕が続々と現地に到着した。「サタデー・フィクション」の撮影開始である。ロウ・イエの映画では初めての多国籍キャストが揃った。俳優の皆さんには感謝しかない。あんなに努力して素晴らしい演技をしてくれた。一緒に映画を作れたことは生涯忘れられない貴重な体験だった。

　セットではなく実存する建物を使って歴史的な映画を撮る、そして多言語の仕事、全ては忘れがたい。2018年3月にクランクアップし、それからまた編集に1年かけたが、さほどの問題もなく初めてスムーズに検閲を通過し、2019年のヴェネチア国際映画祭のコンペに選出された。記者発表の席で私は制作サイドを代表し、2019年12月7日に中国で公開することを宣言した。ここまでは、全て順調で、今までとは違うロウ・イエ作品に皆が期待を寄せていた。

　ところが、予想だにしなかった、制作そのものよりもっと困難な事態に直面することになった。根本は依然として映画制作そのものと無関係の人為的な問題だった。私たちは暗澹たる気分で言葉もなかった。

　そして、次にやって来たのが全世界を巻き込んで、映画を停滞に追い込んだコロナ禍。

　「サタデー・フィクション」は2年も棚上げのまま、2021年9月にやっと公開された。ロウ・イエは蘭心大劇場で上海プレミアを望んでいたが、残念なことに劇場はそのとき改修工事に入っていた。プ

レミア上映が終わるや、私たちメインスタッフ全員は直接、蘭州に飛んだ。ロウ・イエの新作「三個字」（三文字）の撮影がスタートしたのだ。

今回、「サタデー・フィクション」は日本で劇場公開となるが、映画の中でも制作においても日本と関係の深いこの作品がどのように観客に受け入れられるか反響を期待している。

中国の映画ファンの多くは、日本の観客を羨ましく思っている。ロウ・イエ作品のほぼ半分は中国で上映することができないままだ。いつか、映画館の大スクリーンで中国の観客にこの20年来の全ての作品を観てほしいものだ。

2020年、「ふたりの人魚」が東京フィルメックスで再上映された。この映画は第一回東京フィルメックスのグランプリだった。スクリーンで再び「ふたりの人魚」を観ることができると、私とシュー・ラは嬉しくてならなかった。ところがロウ・イエはどんなに勧めても中に入ろうとしない。冒頭のシーンが出て、音楽が流れてきた瞬間、私もシュー・ラもすでに涙があふれて止まらない。シュー・ラは私より早くからロウ・イエと仕事をしている。20年あまりの苦労の道のりを彼女は私たちと一緒に歩いてきたのだ。ふと、わかったような気がした。ロウ・イエが上映会場に入らなかった理由が。

2018年の元旦、私たちは「サタデー・フィクション」のスタッフ全員と、そして撮影班に実習に参加していた息子も一緒に新年を迎えた。息子はまもなく高校を卒業する歳になっていた。その晩は、みんな相当お酒を飲んだ。私たちは蘭心大劇場から出発してシェア自転車に乗り、黄浦（こうほ）江に注ぐ蘇州河の河畔に向かった。マップを検索すると、「蘇州河」（ふたりの人魚）から「蘭心大劇

場」（サタデー・フィクション）まではたった4.5キロしかなかった。

　私たちの次の場所はどこなのだろう。どんなチャレンジが待っているのだろうか。何も見えてはいない。ただ歩き続けていくだけだ。

「ブラインド・マッサージ」撮影中

「シャドウプレイ」の時代と 「夢の裏側」から見た中国の映画制作

文 樋口裕子（翻訳家）

「シャドウプレイ」には中国が改革開放路線に転じた1980年代から2000年代の不動産バブルの時期を背景に、4人の人物が登場する。都市開発を主管する地元政府の役人のタン、不動産開発業者のジャン、タンの妻でジャンと不倫の関係にあるリン、そしてジャンのビジネス・パートナーで台湾人の元ホステス、アユン。

象徴的なシーンがある——2000年、リンが精神科のリハビリセンターから退院する日、台湾から戻ってきたジャンがアユンを伴ってリンを病院まで迎えに来る。むろんリンの夫のタンもその場にいる。ロールスロイスに乗り込む4人。後部座席の真ん中に座ったリンは葉巻をくわえたジャンの肩に右腕を掛け、左腕を夫のタンの肩に掛ける。「実業家のジャンは富を、役人のタンは権力を握っている。そして運転手は香港人、助手席には台湾人。これが中国の姿だ」と来日した時、ロウ・イエは言っていた。

今世紀に入るや、あっと言う間に日本を抜き、アメリカに迫るまでに急激に経済成長した中国。リッチなイメージの中国人は、日本人にはまるで突如現れた見知らぬ人のように映る。だが、本質を見逃してはならない。タンとリン、ジャンの3人の出会いは1989年、天安門事件が起きた年で、その夏、ロウ・イエは監督科を卒業している。中国のその後の10年、1990年代の市場経済の大海原に投げ出された人々が混迷のさなかにいたことを、我々は忘れがちである。

国有企業の民営化、機構改革による大リストラ、富裕層も出現する一方で底辺に沈んでいく人も多かったこの時代には、ツテを頼りに海外へ出ていく若者が続出し、蛇頭が暗躍して日本への密航者も増えていた。各地の映画撮影所も集団公司に再編され、電影学院を卒業したばかりの監督たちにとっては、製作資金もままならぬ彷徨の時代であった。そして2000年、ロウ・イエは「ふたりの人魚」を完成させた。1998年に立ち上げた自身の映画製作会社ドリーム・ファクトリーの第1作である。

「シャドウプレイ」ではさほど詳しく90年代を描いているわけではないが、4人そろった2000年代の物語に至るバックグラウンドは容易に想像できる。

　最初はただの遊び人っぽいキャラクターだったジャンが企業家として広州に舞い戻り、故郷に錦を飾って不動産王に成りあがっていく様は、まさに2022年11月に96歳で死去した江沢民が十数年にわたって強力に推し進めてきた社会主義市場経済の政策に完全に合致している。江沢民の指導下、2001年に中国はWTOに加盟し、次に、それまで労働者と農民の党であった中国共産党に私営の企業家の加入を認めた。それによって経済がさらに発展すると同時に、政権と企業が結び付くルートが生まれ、汚職がはびこることになったのもまた事実だ。

　ジャンが放つ怪しげな臭い、それは90年代の光と影でもある。そして、汚職の共犯とも言える4人は不動産バブル景気に浮かれた華麗なる狂乱の日々に突入し、破滅的な末路へ。しかも愛と憎悪と裏切りに苛まれた人間の悲劇は彼ら自身だけでは完結できず、その次の世代、リンの娘のヌオ、そして若い刑事ヤンも宿命の渦に巻き込まれていく。歴史とはそういう連続性なのだと監督はまた語っていた。

　ロウ・イエが自分たちの時代をどう描こうとしたのか、「シャドウプレイ」のメイキングでもあるドキュメンタリー「夢の裏側」を

観て、寡黙で知られる監督が非常に熱く率直に映画の狙いを論じて
いることに驚き、ロケーションへの歴史認識の高さにも改めて尊敬
の念を覚えた。「シャドウプレイ」の30年の物語を撮るために選ば
れた場所が香港に近い広州の街。ロウ・イエはこれまでに上海、北
京、重慶、南京、パリ、武漢などの都市を舞台に撮ってきて、「実
は当初、『二重生活』を広州で撮ろうとロケハンしたが、この街は
次に改革開放の時代を撮るのにふさわしいと感じた。だから『二重
生活』は別の場所、武漢にした」（金馬奨の時の台湾ウェブメディア「報道
者」のインタビューより）ということだ。

　そして今回、広州で出会ったのが"城中村（都会の中の村）"として
有名な洗村（シエン）だった。この"城中村"という言葉は、都市の
再開発の状況を象徴するような新語で、都心から周辺の村に向けて
どんどんビル群を広げていく段階で、村民の立ち退き反対などで用
地買収がスムーズに進まず、そこだけ開発から取り残されている地
域を指す。北京オリンピック前後の広州に関する報道をたどってみ
ると、まるで「事実は映画よりも奇なり」というような洗村の地上
げにからむ地元政府の幹部と開発業者の癒着・汚職事件に出くわ
す。ただ、「シャドウプレイ」のストーリーの原型はSNSの掲示板
にあった内容であり、ロウ・イエは洗村の汚職事件を描こうとした
わけではない。しかし、この村そのものに数々の物語の気配が満ち
満ちていたわけだ。「制作のプロセス全体が実際には脚本を書いて
いくプロセスだったと言える。文字で書いた脚本は、この映画では
ただ脚本のスタートでしかなかった」「報道者」より引用）とロ
ウ・イエが言っているとおり、この映画はロケーションの地理的、
歴史的な意味が非常に重要だったのだ。

　冒頭、川岸で死体を発見した男女が逃げ惑うシーンから、画面は
一転して撮影当時の2016年にまだ残っていた洗村の姿、高層ビル
群のど真ん中にぽっかり穴が開いたような奇観が現れる。それは改
革開放の終幕に登場した真の主役とも言える時代の象徴だ。撮影を
拒否する村側と粘り強く交渉を重ね、部分的ながら、かろうじて村

での撮影を敢行している。そこまでノンフィクションにフィクションをはめ込む手法にこだわっている監督にしてみれば、「夢の裏側」にあるように「暴動シーンは、ほぼ削除せよ」という検閲意見に従うことは絶対できないだろう。洗村という主役の存在を消してしまえば、30年の時間も空間もすべて消え失せてしまい、映画が成立しなくなる。また、広州の実際の地名を使うなという修正意見にも納得できるはずがない。「夢の裏側」の終盤は、このように検閲に対する憤怒と闘いの姿勢にウェイトが置かれている。それももっともで、通常2ヵ月以内に上映許可の可否が通達されるのに、「シャドウプレイ」の場合、受け取った通知は映画の核心にかかわる箇所を大量に削除・修正せよとの内容だったため、そこからが監督と電影局の長きにわたる交渉のスタートになってしまった。

「二重生活」では脅迫者を亡き者にしようとスコップを振り下ろす動作を2回に減らせと命じられ、「プロの殺し屋でもないのに2回で仕留められるはずがない」として譲歩せず、結局ロウ・イエは監督名を削除して公開した。だが、「シャドウプレイ」の問題はより深刻なものだった。中国の映画監督は、エネルギーの多くを検閲との交渉に使わざるを得ないのが気の毒な実情であり、ロウ・イエは「夢の裏側」で次のように述べている。「映画が完成しても監督には最も手ごわい仕事、検閲への対応がある。（中略）検閲を通り、かつ作家性を保てるとしたら、基本的な人間性はすでに破壊されている」と。1年7ヵ月に及ぶ交渉の末、上映許可が下りたが、さらに数ヵ月後の公開1週間前、再び修正命令が出た。全国の上映館に上映素材がすでに届き、2019年4月4日の初日を待つばかりのタイミングである。監督とスタッフはぎりぎりの妥協で徹夜の作業をしてDCPを作り直し、「シャドウプレイ」は予定どおり公開の運びとなった。「夢の裏側」はそんな検閲の一端もうかがえるドキュメンタリーであるが、普通は知ることができない中国の映画制作現場の要所要所が見られる貴重な作品でもある。実際、仕事で撮影に携わったとしても自分がかかわったパート以外はなかなか知るチャン

スがないのだが、このドキュメンタリーでは、準備の段階から公開に至るまで様々な現場をかいま見ることができる。しかも、よく若手監督たちから最高レベルだと聞くロウ・イエの現場を覗けるのだから楽しい。

ロケハン、テスト撮影、メインキャストやエキストラの衣装合わせ、技術会議、台本読み合わせ、クランクイン、ポストプロダクションまで、こんなに詳しくロウ・イエの秘密を見せてしまっていいのかとさえ思うほどだ。

たしかに、監督のこだわりは細部にまで厳しく徹底している。撮影監督のジェイク・ポロックは、カメラワークと光線にここまで詳細な要求をする監督はいないと吐露しているし、役者のメイクに対する監督の要求も通常とは逆で、演じる者の感情が現れる顔色をメイクで消すなと厳命している。このこだわりが、ロウ・イエ作品の衝撃的なまでのリアリティを生んでいるのがよく理解できる。そのこだわりを実現するのが、撮影をはじめアクション、美術、サウンド・デザイン、キャラクター・デザイン……いずれも若いが一流のプロフェッショナルたちだ。

そして普通のメイキングは〝美しく〟まとめるのが常だが、「夢の裏側」では、撮影現場で頻繁に起きてしまう様々な問題点を正面からとらえているのにショックを受ける。激しいアクションが多いのでケガ人が続出し、ジャン役のチン・ハオの歯も折れてしまう。アクション・シーンに使うテーブルが注文どおりになっていなくて撮影が止まり、いつもは温厚な監督が怒鳴っている。極めつきは食事の問題だ。ラインプロデューサーの不手際でロケ弁を食べられなかったスタッフが出た時は、本当に激しい怒りを爆発させ、別人みたいなロウ・イエだ。これはマー・インリーが監督の妻だから入れられたカットで、他の人なら遠慮して切ってしまうだろう。このような撮影現場の管理の改善も取り上げておきたいという意図があるはずだ。

とにもかくにも、30年の中国現代史をロウ・イエが〝アンチジャ

ンルのジャンル映画"(「報道者」より)と呼ぶアクション満載のクラ
イム・サスペンスに仕上げたこの「シャドウプレイ【完全版】」
を、「夢の裏側」とともにお楽しみいただきたい。

(「シャドウプレイ【完全版】」パンフレット(2023年／発行：アップリンク)より採録)

サタデー・フィクション

恋は諸刃の剣であり、自らの生きる原動力にもなるが、
人生をあっという間に燃えつくしてゼロとする毒薬にもなる

文 金原由佳

　ロウ・イエの「サタデー・フィクション」(19) は1941 (昭和16) 年
12月を時代背景としている。日本が真珠湾攻撃を実行するまでの
一週間、各国の思惑が錯綜する諜報戦を描いている。面白いこと
に、幾つものフィクションが入れ子となっていて、まるでマトリー
シカ人形のように、コン・リーが演じる主人公ユー・ジンのアイデ
ンティティーと真意を、複雑な構成が包み隠す。

　ユー・ジンについて世間が認識するのは、人気女優としての華や
かな貌。彼女の元夫である倪則仁 (ニィ・ザーレン) は親日派である南
京の汪兆銘政権の支援者で、敵対する蔣介石率いる重慶政府から命
を狙われていることから南京政府に監禁されている。このユー・ジ
ンとニイの関係性が映画を観ていてもよくわからない。かつて一度
でも愛がある夫婦関係だったのか、彼女を密かにドイツ占領下のフ
ランスの、レジデンス運動を図るド・ゴール将軍の意を受けた諜報
員として使うヒューバートを通しての、南京政府内や日本政府側の
情報を得るための政略結婚だったのか。いや、ある時期は、天涯孤
独の彼女にとっては一時は安心して身を寄せることのできる、都合
のいい巣だったのか。コン・リーの年齢未詳の佇まいと相手の眼差
しを幻惑する柔和な笑みが、ユー・ジンの感情をそう簡単には読み
取らせない。彼女が燻らせる、煙草の紫煙も目くらましに一役買
う。ロウ・イエはさらに、ユー・ジンが演じる戯曲「礼拝六小説」
のリハーサルの風景を、わかりやすく劇場の舞台の上で展開せず、
日常の風景と同じ地平線で挿入するので、シーンが転換する度、ス

クリーンに映るのはユー・ジンなのか、彼女が演じる役、芳秋蘭（ほう・しゅんらん）なのか、観客は攪乱させられ、確認する必要がある。

　主人公に何重ものパーソナリティを背負わせて描くことは、「ふたりの人魚」（00）でジョウ・シンがムーダン（牡丹）とメイメイ（美美）という2人の人格を演じたことを筆頭に、ロウ・イエのお家芸ともいえる。1931年の上海での諜報線を描く「パープル・バタフライ」（03）ではチャン・ツィイー演じる満州で暮らす辛夏（シンシア）という少女は、上海では抗日運動の闘士である丁慧（ディンホエ）と名を変える。「天安門、恋人たち」（06）のヒロイン、余紅（ユー・ホン）は天安門事件の以前と以降とではまるで違う人物像と変わる。男性の主人公も例外ではなく、「パープル・バタフライ」での仲村トオルは前半の陰りのない青年、伊丹から中盤以降は陸軍秘密諜報部員としての別名を持つ喰えない男へと変貌している。「スプリング・フィーバー」のワン・ピンという男と、「二重生活」（12）のヨンチャオという男はそれぞれ妻とは別の愛人を持ち、前者に至っては、相手は男性であり、セクシャリティとしても一ところに留まらない。人は環境によりいくつもの違う貌が浮かび上がり、状況に応じて違うパーソナリティを肥大させながら生き延びていく。それがロウ・イエの映画にアクセスする度に触れることとなる、登場人物たちのしたたかで、しなやかな生き方である。もちろん、その変化に応じて本来の無垢なる自分に強固な鎧を被せていくことになるが、その幾重にも膨れ上がった偽りのパーソナリティが、何かの瞬間、ほろりと崩壊することがある。起因は恋だ。

　恋は諸刃の剣であり、自らの生きる原動力にもなるが、それまで慎重に築き上げてきた人生をあっという間に燃えつくしてゼロとする毒薬にもなる。それが、ロウ・イエの映画を観る愉楽といえる。

　さて、極めて面白い構造として、ロウ・イエは「サタデー・フィクション」の原作として、イギリス在住の小説家、ホン・イン（虹影）の「上海之死」を選んでいるが、映画の中でユー・ジンがかつての恋人で、若い演出家、タン・ウェイと組む戯曲「礼拝六小説」

の原型として、横光利一の最初の長編小説「上海」を選んでおり、「上海之死」と並べて「上海」も原作にクレジットしている。貧困層の家庭で育ち、苦学の末、北京の大学在学中に天安門事件と遭遇し、その時代の目撃者として書いた「裏切りの夏」の作者として、ホン・インとロウ・イエの人生が交差するのはもっともなことだ。だが、ロウ・イエと横光が交差するとは、思いもよらなかった。

　小説「上海」は、懇意にしていた芥川龍之介が書いた随筆「上海游記」に喚起され、また芥川から上海へ行くことを勧められた横光が1928年4月から約1ヵ月間、上海に滞在して、五・三〇事件に発想を得て描いたものである。

　主人公の参木は横光が「白皙明敏な中古代の勇士のような顔」と書く大柄な男で、上海の銀行に勤務し、上司の横領のしりぬぐいをすることに虚しさを感じている。ある時、その上司からクビを言い渡され、彼は何者でもなくなった自由と先の見えない不安という、相反する感情を抱えながら、無為に過ごす。彼には上海で湯女として働く日本人女性や、ロシアから亡命し、零落した元貴族のロシア人女性、上海の夜の花として謳歌する美しき日本人の踊り子など、複数の女性たちから思いを寄せられるが、彼が目下のところ、心惹かれているのは日本企業の紡績工場に潜伏する、中国共産党の闘士、芳秋蘭である。ある夜、日系資本の紡績工場での抗議運動をきっかけに、日本人従業員が工具に向かって発砲。パニックとなる中、参木はかねてから、動向を探っていた秋蘭を救い出し、2人は互いの国籍の違い、イデオロギーの違いを分かったうえで、それぞれの立場を主張し、議論を交わす。「中国の人々が日本のブルジョアジーを攻撃するのは、結果に於いて日本のプロレタリアを虐めているのと同様だ」という参木に、秋蘭は「お国（※注　日本）にプロレタリアの時代が来るために、お国のブルジョアジーに反抗している」と言い返す。21世紀の住民の眼からすると、1925年代には自由人に見える参木であっても、彼の生れ落ちた境遇と弱者救済を志す秋蘭、あるいは今まさに中国に侵略する国の一つである日本を背負

う男と、侵略される行為を祖国で命を懸けて攻防する女との間に生じる権威勾配に参木がまったく無自覚である様子には、はなはだ鼻知らむ。

であるのだが、ロウ・イエはむしろ、参木のこの甘さを否定しない。参木と秋蘭との国籍、信じるイデオロギーの違いを乗り越えて、恋は、それがひと時の間の感情としても、確かに交差する奇跡のような時が起こりえるという肯定的な考えは、今作では、秋蘭を演じるユー・ジンと若い演出家、タン・ナーに転生されたと解釈できる。或いは、オダギリジョー演じる日本陸軍、通信課の将校・古谷三郎と、彼が昏睡する最中、彼の亡き妻の人格をまとって会話するユー・ジンとの間にも。最終的にユー・ジンが命を懸けてまで守りに行ったのは、タン・ナーと作り上げた芳秋蘭として舞台に上がることであり、ユー・ジンが守り続けた最後の純真が隠れている。それがたとえ、世界の未来を決定的に変える瞬間であろうとも、任務ではなく、恋を選ぶ。それまで完璧にスパイを務めてきた彼女が、仮面を外して見せる素顔で、この映画は幕を閉める。小説の冒頭、あっさりと身を投げて死んでしまうユー・ジンの人生の仕舞い方からは大きく逸脱して、愛する男の横で、幸福な笑みを浮かべて。

「サタデー・フィクション」をこれまでのスパイ映画と比較して、例えば必ず引用映画として名が挙がるのはジョセフ・フォン・スタンバーグ監督の「間諜X27」(31)、あるいはハワード・ホークスの「三つ数えろ」(46)、マイケル・カーティスの「カサブランカ」(42)であるが、登場人物の人物造形の複雑さにおいて、「サタデー・フィクション」とは比較にならない。ここ数年、中国映画界では、使命に燃える共産党員が日本統治下の満州や上海で戦うという映画が大きな予算で制作され、例えばチャン・イーモウの「崖上のスパイ」(21)や、チェン・アルの「ワンス・アポン・ア・タイム・イン・上海」や、同監督でトニー・レオンが出演したことで話題となった「無名」(23)（日本未公開）など数々あるが、その日本人の描き方においても、ロウ・イエはオダギリジョーを勇ましく、倒すべ

きマッチョな男性とはせず、むしろ、妻の行方がわからない、不安定で繊細な男としてのオダギリの演技の在り様を受け入れている。

　となると、中国圏映画において、そのアイデンティティーの複雑さから、映画化はとても無理である、タブーであると言われている李香蘭という日本と中国の二重のパーソナリティを背負った女性と、彼女が愛したとされる日本統治下の台湾で生まれた国籍は日本人であり、日本、上海の大学で学んだ小説家であり、映画人である劉吶鷗との愛のドラマも、もしかすると、ロウ・イエなら実現できてしまうのではないかと、こちらの甘い幻想を寄せてしまう。劉は北京語、台湾語、日本語、英語、フランス語と語学に堪能で、「上海」の作者である横光利一、川端康成らの新感覚派文学の紹介から日本の文壇に紹介され、小説家として期待されていた。また、劉はイデオロギー先行の映画作りではなく、あくまでも映画の美を極めた映画作りを主張し、中国の映画界に近づいたことから、重慶政府の意を受けた抗日家に殺されたのではないかと言われている。ロウ・イエが次回作として映画化を構想しているというアンドレ・マルローの「人間の条件」の舞台は、横光の「上海」で描かれる五・三〇事件のその後の社会主義者の蜂起を題材とする。ロウ・イエの多重な人間像を求める物語は、まだまだ上海の孤島時代に眠っているのである。

横光利一「上海」（講談社文芸文庫）

DATE
サタデー・フィクション
監督：ロウ・イエ
脚本：マー・インリー
出演：コン・リー／マーク・チャオ
2019／126分／中国
原題：蘭心大劇院 Saturday Ficiton
2023年11月3日より公開

シャドウプレイ【完全版】

小さな嘘の、その一つ一つをロウ・イエは見逃さない

文 小橋めぐみ

　瓦礫の山の前で、住人たちはフライパンをふるい、食事をする。瓦礫の上に洗濯物を干し、片隅で頭を洗う。

　戦後の風景ではなく、2013年の中国の広州市にある、高層ビルの間に取り残された"都会の中の村"と呼ばれる洗村（シエン）の日常だ。一年中湿度が高く、虫やネズミが多い。環境はすこぶる悪い。それでも子どもたちは自転車を乗り回し、広い空き地でサッカーを楽しむ。汚職が絡んだ再開発は何年も放置され、進まず、また住民たちは一つになれない。補償の額に納得できず、立ち退かない。取り壊しは中途半端で、建物は剝き出しのまま残っている。「シャドウプレイ【完全版】」(19)は問題が現在進行形で山積みの、実際の洗村で撮影された。どこまでがフィクションだろうと分からなくなるほどのリアルが映っている。

　「フィクションではあるが、現実と緊密に繋がっている」と、ロウ・イエ監督は言う。この村を実際に訪れた監督は、映画の着想を得て、「我々は改革開放後の30年をどう生きたか？」をテーマに、ここで映画を撮ろうと決めた。

　物語は2013年の"現在"から始まる。広州の再開発地区である洗村で、立ち退き賠償をめぐり住民の暴動が起こる。警察も出動し、テレビカメラも回る中、開発責任者のタンは、拡声器で必死に説得をする。自分もこの村の出身で、ここを大切に思う気持ちは一緒だと。しかし住民の怒りは収まらない。その夜、タンの遺体が発

見される。ビルの屋上からの転落死だった。事故か他殺か。捜査の担当になった若手刑事のヤンは、捜査線上に浮かぶ、飛ぶ鳥落とす勢いのある不動産会社、紫金不動産の社長ジャンの過去を辿ろうとする。その過程で見えてきたのは、ジャンのビジネスパートナーであり恋人だった女性、台湾人のアユンが謎の失踪をしていたことだった。更にはジャンが、死亡したタンの妻、リンと1989年に出会っていたことを突き止める。ジャンとアユン、タンとリン……二組のカップル、そしてタンとリンの娘ヌオの人間関係は複雑に絡み合い、事件を追うヤンもまた、その中に入り込んでいく。

　映画は、現在から過去へ、25年という年月を、縦横無尽に行きつ戻りつ駆け抜ける。例えば、現在の事件の捜査をするヤンの背後を通り過ぎる女性をカメラが追うと、その女性は過去のアユンであり、そこから過去の時間が動き出していく。慣れるまで少し、分かりにくさもあるが、次第にそのジグザグな時間軸が心地よくなっていく。人は今を生きていても、思考は一瞬にして過去にピントが合うように。

　「シャドウプレイ」と併せて、映画のメイキング「夢の裏側」も観た。今作では俳優たちの、リアルで生々しい表情に強く惹かれていたのだが、その理由がわかった。リン役の女優ソン・ジアが笑いながら、「顔のパックはするな、ケアするな、でもタバコは吸え、酒も飲め」と監督が指示すると言っていた。ロウ・イエは、綺麗すぎること、作り込みすぎることを嫌う。素顔だと肌色の変化が分かる、皮膚に現れる感情を大事にしたい、と。メイクスタッフは、戸惑いながらも理解していく。シミを消さないこと、素肌を生かすことを。

　そうして映し出された俳優たちの顔には、感情のマグマが今にも爆発しそうに見えた。

　この映画は夜のシーンが多い。女性たちの化粧は崩れる時間だ。化粧直しをせず、顔のテカリをそのままにして夜の明かりに照らさ

れる女性たちの表情の、なんと美しく艶かしいことだろう。

　また、衣装にしても、型にハマったような時代ものにするのでも、完全な再現にするのでもなく、大まかな雰囲気がつかめていれば縛られなくていい、その時代の雰囲気が出ていれば、実際は去年売られた製品でもいい、とロウ・イエは言う。こうしてスタッフたちは、共通の世界観を確立していく。再現ではなく、当時のリアルを生み出していく。

　常々自分も芝居をする中で思っていることなのだが、リアルとは、なんだろう。何をもって、リアルだと人は感じるのだろうか。身体に馴染んでいない服、表情を消すしっかりしたメイク、夜なのに明るすぎる照明、何も沁み込んでいない壁。小さな嘘の、その一つ一つをロウ・イエは見逃さない。よく、「嘘のない芝居を」と言われるが、セリフがある以上、それは本当に難しい。メイキングを観ていると、ロウ・イエは、感情の曖昧な領域を何より大切にしていた。感情が明確でなくてもいい、だって現実でも曖昧な感情ってあるだろうと。

　ああ、そこに、リアルが生まれるのだと思った。彼女を好き、という設定です、となると、"好き"という芝居をしてしまう。この映画の時間軸のように、一直線の感情にならないように、ロウ・イエは注意深く見つめ、嘘を取り除く。感情が曖昧というのは、感情が弱いのではない。ろうそくの灯りのように強い光を放ちながらも絶えず微細に揺らいでいるような感情だ。だからこそ、この作品に生きる人間たちに、強烈に惹きつけられるのだろう。

　紫金不動産のキャッチコピーは「富豪の夢を叶え 温かい家を創る」。この出発点が、激動の時代の中で、なんと皮肉的な結末に辿り着いてしまったのだろうか。富豪になることも、温かな家族を創ることも、欲望に取り憑かれた人たちにとっては、儚い夢になってしまう。

　ジャンとアユンの、最悪の別れの場面の次には、スッと画面が切り替わり、過去、2人が初めて出会った場面になる。夜のクラブの

ステージで、若き日の美しいアユンが歌っている姿に一目惚れする
ジャン。過去があんなに華やかで幸せだったゆえに、行き場のない
現在に胸が詰まる。

　永遠の愛を誓っても、その愛が未来にも存在するとは限らない。
それでも愛は、誓った瞬間に永遠になる。永遠の愛は、過去にだけ
ある。夢の中でだけ、また会える。

DATE
シャドウプレイ【完全版】
監督：ロウ・イエ
脚本：メイ・フォン／チウ・ユージエ／マー・インリー
出演：ジン・ボーラン／ソン・ジア
2019／129分／中国
原題：風中有朶雨做的雲 The Shadow Play

ブラインド・マッサージ

盲人を"人間として、その内面を"描く

文 夏目深雪

「ブラインド・マッサージ」(14) は、ロウ・イエの9本目の長編作品である。「天安門、恋人たち」(06) にて、中国当局より5年間の映画製作禁止を言い渡されたが、その処分を無視し、「スプリング・フィーバー」(09) をゲリラ撮影で撮り上げたロウ・イエ。検閲を通さないことにより、かえって自由に製作できたと言い、同性愛を取り入れたストーリーはカンヌ国際映画祭で脚本賞を受賞した。続く「パリ、ただよう花」(11) では北京出身でパリ在住のリウ・ジエがインターネットで発表し、その赤裸々な性描写で話題となった自伝的小説「裸」を原作として映画化した。5年の活動禁止処分も解け、中国に戻ったロウ・イエは、中国の日常が描かれた作品を撮りたいと思い、ネットで見つけた夫の浮気に悩む妻の話をもとに、「二重生活」(12) を撮った。妻がいながら別の女性と子どもを作り、二重生活を送る男を主人公にしたミステリーである。

「ブラインド・マッサージ」はその次の作品に当たり、ロウ・イエの中国復活後の作品としては2作目となる。同名の原作小説は中国の中堅作家ビュー・フェイユイの2009年の作品で、累計部数は20万部を超え、2013年にテレビドラマ化や舞台化もされた。タイトル通り、南京のマッサージ院を舞台に、盲目のマッサージ師たちの日常を描いた作品である。小説も長編小説に与えられる最高の栄誉である茅盾文学賞を受賞したが、映画もベルリン国際映画祭で銀熊賞（芸術貢献賞）を受賞した。日本での劇場公開当時、試写でこの作品を観た私は、盲人を描く映画は何本か観てきたが、今までに観たこと

のない映画だと思った。

　盲人が主要登場人物である映画は、いくつかのパターンがある。最も多いのはサスペンスで、オードリー・ヘップバーン主演の「暗くなるまで待って」⑹ を嚆矢として、近年の作品だと韓国映画「ブラインド」⑾ のリメイクである中国映画「見えない目撃者」⒂ がある。いずれも、盲目の女性が事件に巻き込まれながらも、聴力や推理力など類まれな能力を使い犯人を追い詰めていく。だが逆に殺人者に追い詰められ、窮地に立たされるのがクライマックスとなる。いずれも"何も見えない"女性であるにもかかわらず殺人者と対峙するスリルがキモであろう。

　盲人と健常者の交流もよく見られるテーマで、ブラジル映画「彼の見つめる先に」⒁ は、ゲイの盲人と健常者の少年の、出会いと恋愛を瑞々しく描いた傑作である。フランス映画「エンジェル、見えない恋人」⒃ は目に見えない存在として生まれた青年と盲目の少女を描いた奇想天外なラブロマンス。2作とも、"盲目"以外の障害を設定しているところが巧く、心震わせるような作品になっている。「ナイトクルージング」⒆ は、盲人の加藤が目が見えるスタッフたちと映画を作る過程を撮ったドキュメンタリーである。この映画では、加藤が視覚から見た世界を、また健常者たちが見えない世界を知っていくところが捉えられていく。

　今挙げた映画が、見える／見えないことの境界線を問題にしていることは明らかである。何よりも視覚芸術である映画で、盲人は"目が見えない人"としてしか描きようがない。ドラマやサスペンスを盛り上げる弱点としてその特性を使うか、健常者との差異をドラマに生かすことならやりやすいが、盲人の人間性に踏み込むことは困難が伴う。「はこぶね」㉒ は分かりやすい対立がなく、盲人の人間性に踏み込んでいるとも言えるが、だが主人公の芳則の魅力のなさは絶望的である。だが、1人では食事も満足にできず、趣味は釣りのみ、恋人もいない男性を魅力的に描くことの困難の前に、

普通の映画は立ちすくんでしまうだろう。

「ブラインド・マッサージ」の美点は、盲人の彼らが、健常者たちと変わらず、仕事をし、恋をし、結婚を望む姿を描いているところだろう。"目が見えない"ことは彼らの特性の一つに過ぎない。それはもちろん盲人たちの懐に入り込み、彼らの苦悩や恐怖、そして希望や欲望、突然の衝動や恋に落ちることを丁寧に描写した原作小説の存在のお蔭であろう。

　また、映画は盲人を1人にしがちだった。そうすれば彼らの過酷な運命や"目が見えない"ということがどういうことかは際立つ。実社会のなかで、盲人は圧倒的に少数者であるので、実態に即した描き方だとも言える。この映画はその"常識"を、マッサージ院を舞台にすることによって覆す。

　盲人ばかりで、健常者はフロント係の2人の女性と、食事係の中年女性だけという環境の中で、私たちは"目が見えないこと"ではなく、盲人の世界がどういうものかを学んでいく。人との接触において、匂いと触覚がほとんど全てということ。それは友情においても、また性愛においてもそうである。触って、匂いを嗅いで確かめるのだ。"美"は彼らにとっては確かめようがなく、意味がないとも言えるが、シャー店長はドゥ・ホンが"美しい"と健常者たちに褒められることによって、"見えない""理解できない"彼女の美しさが頭から離れなくなってしまう。

　この映画は"盲人"の表象からしてドキュメンタリー的である。白目の盲人は、商業作品ではほぼ登場しない。「スプリング・フィーバー」や「二重生活」で色男を演じたチン・ハオに不透明のコンタクトレンズを入れシャー店長を演じさせるところからして覚悟が感じられる。目をほぼ開けない盲人も、一見健常者のように見える盲人もいて、リアリティーがある。そして、主要キャラクター以外は実際の盲人である。

　マッサージ師の中には、愛した女と結婚を目指す男もいれば、風

俗店に通い詰める男もいる。意中の男に猛アタックする女もいれば、せっかく店長の寵愛を得たのに、それを袖にするドゥ・ホンのような女もいる。バラエティーに富んだ性愛が、友情が、諍いが描かれるなかで、観客自身も盲人のマッサージ師としてそこにいるような気分になっていく。

並外れた聴力や推理力といった、健常者の世界で役に立ちそうな能力ではなく、彼らはチリンチリンと鳴る風鈴のおかげで他人の情事を知り、意中の女の匂いで欲情する。健常者からは生産的だとは見なされない彼らの生活の、密かな愉しみと希望。特に終盤挟まれる粗い画質の暗い映像を見ることによって、観客は盲人の世界を追体験する。

長大な小説を2時間にまとめることによって、群像劇としてのダイナミズムは弱められてしまっている。どうしてもエッセンス的な作りになってしまい、もともと分かりやすいとはいえないロウ・イエ作品、原作を読まないとよく分からないエピソードもいくつかある。だが、おそらく唯一の明らかな改変であるシャオマーとマンの恋の行方は、ロウ・イエの映画監督としての才能を表していて、感動的だ。

シャオマーは失恋のショックを癒すために訪れた風俗店で、マンの虜になってしまう。通い詰めるシャオマーだが、ある日警察の手入れで2人とも逮捕されてしまう。2人は姿を消し、誰一人行方は知らなかった。ラストシーンは、寂れた町の片隅で治療院を営むシャオマーが歩いていくところが映し出され、荒い画像で髪を洗っているマンがぼんやりと見えるショットに切り替わる。マンがこちらを見る。この映画はシャオマーの屈託のない笑顔で終わる。盲人と健常者が結ばれるという、結局は視覚芸術にとって一番納まりのいいラストを選んでいると言えばそうだ。だがそれまでの過程が、今までの映画とまったく違う。また、クライマックスで粗く見づらい画像でシャオマーの視覚を表現することも、これまでの映画はしてこなかっただろう。

ロウ・イエは常に"見えないもの"を描いてきた。「スプリング・フィーバー」「パリ、ただよう花」「二重生活」という、ロウ・イエ性愛三部作とでも呼べる三作品で、ロウ・イエは、モラルを欠いた浮気に走る男性や、衝動的な性に身を任せるカップルを描いてきた。だが、インモラルで赤裸々な性描写があってもそれが鑑賞に耐え得るのは、それが性愛の描写に留まらず、正常な日常生活の歯車が狂っていく過程を捉えているからだ。

　「スプリング・フィーバー」のチン・ハオ演じるジャンは、男性の愛人を持とうとも、その愛人ワンが自殺し、ワンの妻に首を切りつけられるくらいで済む。「パリ、ただよう花」のホアとマチューも愛憎関係ではあるが、殺傷沙汰にはならない。「二重生活」が最も凄惨で、チン・ハオ演じるヨンチャオが、妻のルー・ジエとは別の女性サン・チーと子どもを作り、二重生活を送る。それに加えて、ヨンチャオは若い女性と浮気をする。ルー・ジエとサン・チーが結託してその女性を崖から突き落とし、彼女は事故で亡くなってしまう。

　特に「二重生活」でのヨンチャオの色男ぶりと、その内面の空虚さは凄まじい。ロウ・イエ作品の場合、それは性描写が表現するのだ。性とその欲望が失調の契機、そのエネルギーの源泉となる。カメラが性を映し出すことによって、2人ののっぴきならない関係に入り込み、観客もそこから出られなくなってしまう。ロウ・イエは特に「二重生活」では倫理の問題を問うているのだが、外から見た作家の見取り図としてではなく、あくまで俳優の肉体を使って倫理を問う。見境なく女と寝るヨンチャオはその空洞が徐々に映画を侵食していく。

　"見えないもの"をずっと描いてきたロウ・イエが、盲人を"人間として、その内面を"描くのに適性があるのは当然のことだろう。「ブラインド・マッサージ」は、彼の弱者への優しい視点が生き、しかも弱者を弱者に留まらせないダイナミズムを持った中期の傑作で

ある。映画は普遍性の方に傾いているが、原作小説を読めば今の等身大の中国人の姿も実感できる。ぜひ小説も読むことをお勧めする。

◖DATE◗
ブラインド・マッサージ
監督：ロウ・イエ
脚本：マー・インリー
出演：ホアン・シュエン／チン・ハオ
2014／115分／中国・フランス合作
原題：推拿 Blind Massage

二重生活

“性愛三部作”の最終章
性によって、空恐ろしい未来を、引き寄せ、幻視させる

文 夏目深雪

　「天安門、恋人たち」(06) で5年間の映画製作禁止を言い渡されたロウ・イエだったが、「スプリング・フィーバー」(09) をゲリラ的に南京で撮ったあと、パリに渡りリウ・ジエの小説「裸」を原作に「パリ、ただよう花」(11) を撮る。中国に戻り2012年に撮った「二重生活」は、ロウ・イエの中国復活第1作目であり、中国の日常が描かれた作品を撮りたいと、インターネットで見つけた夫の浮気に悩む女性の話をもとに、他のいくつかの話を足しながら脚本を書いたという。

　「スプリング・フィーバー」「パリ、ただよう花」「二重生活」の三作は“性愛三部作”とでも呼びたくなるような作品であるが、「スプリング・フィーバー」「パリ、ただよう花」は特に、赤裸々な性描写が特徴的である。それはもちろん、中国の検閲を通さなかった結果である。

　「スプリング・フィーバー」は、夫の浮気を疑い探偵を雇った妻だったが、なんと夫の恋人は男性だったという驚くような発端である。何故この発端が快い驚きに満ちているかというと、異性愛／同性愛の境界を超えることが、結婚生活と不倫の行き来で行われるという、現実にはありそうだが、なかなか映画では描かれてこなかったシチュエーションに起因する。また中国において同性愛行為が非犯罪化されたのは1997年で、男性同性愛行為は中国のメディア法において未だに「不自然な性行為」と思われる傾向があるという現実ももちろん考慮すべきであろう。

ウー・ウェイ演じる夫ワン・ピンとチン・ハオ演じる愛人ジャン・チョンのカップルを見るだけで胸が高鳴るのだが、チェン・スーチョン演じる探偵ルオ・ハイタオとジャンが肉体関係を持ち、ルオの彼女であるリー・ジンと3人で旅行に出かけるところから、ポリアモリー（同意のうえ、複数のパートナーと関係を持つこと）に近い関係になってくる。結局は破綻するのだが、ルオをめぐりライバルであるはずのジャンとリーの、カラオケボックスでの交流は感動的である。また、ジャンは女装が趣味で、異性装の問題も扱い、ラストシーンで登場するジャンの恋人は男性なのか女性なのか判別がつかない。

　5人の男女の愛憎と性が入り混じるだけでなく、めくるめくようなジェンダーの攪乱が観客の目と心をくすぐる。これが2009年の、しかも中国当局から映画製作を禁じられた中国人監督の作品だということは単純に驚かされる。

　ミシェル・フーコーは1982年に行われたインタビュー「性、権力、同一性の政治」において、性を創造すべき生の問題、および「自由の実践」として提示した。フーコーの提言どおり、欲望の赴くままに性の越境を行った彼らは結局離ればなれになってしまう。ワンは自殺してしまい、それを恨んだワンの妻にジャンは首を刺されるが、その傷を隠すように花の刺青を入れるラストシーンはそれぞれの性の冒険を、結果としての死や決別を含め決して責めたり後悔したりしていない。

　"性愛三部作"は、激しい性描写があるというだけでなく、要はどの作品も家父長制に抵抗している。「スプリング・フィーバー」は婚外の性のみが官能的に描かれる。ラストはジャンとトランスジェンダーらしいカップルで終わるということは、家父長制だけでなく異性愛主義への抵抗でもある。パリに滞在中の中国人女性ホアとフランス人男性マチューの性愛を赤裸々に描いた「パリ、ただよう花」は「ラストタンゴ・イン・パリ」(72)現代版というのが宣

伝文句である。だが、時代もあるだろうが、「パリ、ただよう花」の方が、ホアが大学留学中のインテリで、マチューが肉体労働者である設定など、より女性の主体性に重きが置かれている。

「パリ、ただよう花」で仄見えた陰惨さが全編に引き延ばされたような作品が「二重生活」である。中国復活第1作目を撮るに当たって、ロウ・イエは中国の暗部に向き合おうと決めたのだろうか。ヨンチャオは、仕事のできる妻ルー・ジエがいて可愛い女児もいるにもかかわらず、外に男児を育てる愛人サン・チーを囲っている。そしてそれだけでは足りず女子大生シャオミンと逢瀬を楽しむ。もう一つ別の家庭を作ったり、不倫がストーリーを揺るがす骨格となる「二重生活」は、家父長制への抵抗を描いていると言えなくもないが、そのことによる弊害の方に重きが置かれている。

　実際、中国はヨンチャオのように愛人を持ったり二つの家庭を持ち二重生活を送る男性が多いのだという。それは、政治においても二重性を持つ中国がダブル・スタンダードに慣れていること、また一人っ子政策のせいで、妻に男児が産まれなかった場合に、愛人に産ませることなどが横行しているせいだという。他人を信用できない中国社会においては、血縁こそが唯一の信頼できる人間関係で、男児がいれば一族の繁栄が叶うからだ。

　また、「スプリング・フィーバー」の後半でポリアモリー（の兆し）が描かれていたが、ポリアモリーはあくまで性関係を持つ全員にその同意を取ることが前提となっている。妻に隠れて愛人と家庭を作り、他の女性と浮気までするヨンチャオは、性愛以前に、"信"を徹頭徹尾ないがしろにしている存在である。

　中国で愛人を囲うような男は経済力が必要なので、当然高級官僚や富裕層が多いが、ヨンチャオはそのステロタイプからは外れている。妻と共同で経営する会社の権限は妻が握っているし、サン・チーに暴力的な性交をするシーンこそあるものの、基本的には典型的な優男である。誇示するような権力があるわけでもなく、強い

女性への征服欲が見えるわけでもない。ヨンチャオが美しく仕事の
できる妻がいるにもかかわらず、何故外に女を作ったり浮気をする
のかは（男児／女児の件を除けば）、実はよく分からない。

　優しげで美しいチン・ハオにヨンチャオを演じさせたことが効果
的で、ヨンチャオという男性独自のキャラクターの問題、はたまた
男性一般の問題に限定することなく、中国社会の二重性を浮かび上
がらせることに成功している。

　ロウ・イエは、妻と愛人が結託して女子大生を死に至らしめてし
まうこの陰惨なミステリーで、恐ろしいまでに“信”のないヨン
チャオを描くことによって、中国のみならず現代の深刻な問題も炙
り出している。ルー・ジエはヨンチャオに三行半（みくだりはん）を突き付け、ヨン
チャオはサン・チーとともに生活することを選ぶ。貧しいながらも
ヨンチャオとの生活に満足感を覚えるサン・チーだったが、シャオ
ミンの殺害を目撃したホームレスに金銭を要求される。ヨンチャオ
は当初纏まった額をホームレスに払い殴って脅すだけのつもりだっ
たが、結果的に殺害してしまう。

　最初から最後までヨンチャオの内面の空虚さは凄まじい。真実の
愛など信じてないように見えるし、一つしかないからこそ自らの家
庭を大切にするといった発想とも無縁だ。だが、女性にも自分の子
どもにも接する時は優しく接し、ルー・ジエに近づいたサン・チー
に激高した時と、ホームレス殺害の時以外は暴力的なところも見え
ない。自らの不実によって辻褄が合わなくなった時に暴力で解決し
ようとすることも含め、その場限りの行動原理しか見えず、完全な
悪人と言えないところがかえって恐ろしいのである。

　ルー・ジエに三行半を突き付けられたヨンチャオが、まだ幼い娘
に冷静に別れを告げるシーンにこの人物の空恐ろしさが出ている。
ヨンチャオは生活レベルが落ちてしまうことに多少の落胆はあるだ
ろうが、何食わぬ顔してサン・チーと暮らし始める。ヨンチャオに
とって、女性は代わりの効く存在でしかないのだ。

中国社会で、例えば車道で人が轢かれたとしても誰も助けないなど、非人道的な振る舞いの報告は、以前から聞かれるようになっていた。2011年に仏山市で女児の轢き逃げ事件が起こったが、そこを通った数十人の通行人は女児を誰も助けなかった。

　倫理観の低下した、誰も信用できない＝"信"のない社会は、中国のみならず多様性を見せながら世界中に蔓延っている。そもそも"二重生活"自体が今世界中を悩ませている問題、"ポスト・トゥルース"的でもある。トランプ大統領が当選したアメリカ大統領選挙の時はフェイクニュースの果たした役割の大きさが話題になった。ポスト・トゥルースの原因の一つはソーシャルメディアの興隆とポストモダニズムの悪用だと言われ、これは日本も全くもって他人事とは言えない。「二重生活」を公開当時に試写で観た後、背筋が寒くなったのはそのせいだろう。優れて予見的な映画である。

　今一度"性愛三部作"という側面に立ち返ってみよう。性の越境を描いた「スプリング・フィーバー」、国境や倫理を超えた性愛を描いた「パリ、ただよう花」、空虚な男性主人公を中心に"信"のない社会を描いた「二重生活」。いずれも、性愛がストーリーを進ませ、別の次元に開く契機となっているところが素晴らしい。性愛はステロタイプになりがちな描写の一つで、登場人物同士が恋愛関係に陥った等、状況を観客に伝えるために導入されることが多いが、ロウ・イエの性描写は全くもってそのレベルではない。特にメイ・フォンが脚本を担当した「スプリング・フィーバー」「二重生活」は4、5人の人間が性愛を契機に日常生活の歯車が狂っていき、ドミノ倒しのように、憎しみによる殺傷に突き進んでいく様を描き、その複雑さと精緻さには驚嘆させられる。

　人間が主体ではなく性行為が主体であるような映画を撮る時、また愛に還元されない性行為を描く時、ロウ・イエは何を描こうと、何をしようとしていたのか。それは彼自身が5年間の国内での映画製作禁止命令を受けたあと、希求したであろう、自由であり、生を

創造することであったろう。また、性を描くことによって、来るべき時代のジェンダーの攪乱や空恐ろしい未来を、引き寄せ、幻視させることだったろう。性愛をイデオロギーから切り離した類まれな作品として、私はこの頃のロウ・イエの作品が最も好きだ。

DATE
二重生活
監督：ロウ・イエ
脚本：ロウ・イエ／メイ・フォン／ユ・ファン
出演：ハオ・レイ／チン・ハオ
2012／98分／中国・フランス合作
原題：浮城謎事 Mystery

パリ、ただよう花

セックスは、人種やジェンダー化された
力学と不可分な政治的闘争の場

文 児玉美月

　女が男の後を追う。教師として中国からフランスへと渡ってきたホアは、愛想を尽かされている恋人に道端で人目も憚らずに縋（すが）りつく。「パリ、ただよう花」（11）でホアがまだ不慣れながらにまなざしを向けるパリの風景は洗練さや陽気さなどとはかけ離れ、生鮮市場の騒音が否応なく雪崩れ込み、眠りを妨げる喫茶店は不愉快で、雨に濡れた地面によって泥の色彩が広がっている。そこでホアは解体作業をしていた建設工のマチューが運んでいた部品に不意にぶつかり、2人は決定的な出逢いを遂げる。頭を打ったホアをマチューは心配するが、この偶発的な暴力による出逢いは、2人の運命を予言しているようなものだった。肉体的な痛みを通してこそ、マチューはホアの世界に足を踏み入れることが叶う。

　その後、2人は初めて食事を共にする。そこではマチューが兵役時代にアフリカで負傷した掌を見せ、強く物を握れないのだと実演してみせる。マチューが初対面でホアにそうして力に関わる話題をふるのは、マチューがまさに力、それも男性的な力を重んじている人物であることを提示しているのだろう。別れ際、マチューはホアに口づけを無理強いし、そのまま人目のつかない路地裏へと彼女を粗暴に連れ込む。おそらく傍の道路を通り過ぎる自動車の前照灯であろう光が断続的に彼らにあたり、ホアが背中に押し付けられている格子状の柵の黒い影を2人の身体に落とす。檻を想起させるその格子模様の影は、衝動的な身体の結びつきに端をなす彼らがいかに雁字搦（がんじがら）めの愛の桎梏（しっこく）に囚われてゆくかを形象化している。

ロウ・イエはもともとアウトフォーカスを多用する映画作家であり、手持ちカメラの揺れ動きとも相俟って、合焦とボケの波状的な反復がそこに映し出される人物の微細な心情を触知的に画面に揺蕩(たゆた)わせる。マチューはホアを犯したのち、柵にぐったりともたれかかる彼女を見捨ててその場を立ち去ろうとするものの、良心の呵責からか明らかに顔に動揺を浮かべながら迷った末に戻ってゆく。ここでの小刻みなフォーカスの変化は、マチューを苛む罪悪感が画面の表層に断続的に現出するかのような効果を上げている。性的暴行といってなんら差し支えないようなこの事態によって幕が開けてゆくこの恋愛譚を、現代的な倫理に当て嵌めて一種の「レイプファンタジー」と糾弾する向きもあるかもしれないが、ロウ・イエの映画にとって不可欠ともいえる性描写はまずなにより政治的暗喩として先立つ。

　炭鉱で働く両親のもと、彼も学校を辞めて働きはじめたのだという肉体労働者であるマチュー。フランス語教師の元恋人を持ち、インテリのコミュニティーに属す知的労働者であるホア。次第に無学のマチューは、知識人に対してコンプレックスを抱いていることが明らかになってゆく。さらにマチューにはホアに隠していた、法的に婚姻関係にある妻がいた。その相手はルワンダ出身のアフリカ系の女性だった。また、マチューの周囲にいるフランスの男たちはホアを"中国女"と形容して差別化する。つまりマチューは女のなかでもより西洋社会において"一段下"と見做されている有色人種の女たちと関係を持っている。映画ではそれ以上は描かれてはいないものの、おそらくマチューはそうして自らにとって"格下"の女たちとしか関係を持てない男なのかもしれない。マチューとホアの一度目の事故的な性交渉は、単に彼が彼女に対して性欲を抑制できなかった結果として起こったのではない。それは口づけをホアに拒まれたマチューが「食事はオーケーしただろ、俺はてっきり……」と呟くように、他者を統制しうるという思い込みが裏切られて暴発した支配欲によって行われた行為であろう。したがって「パリ、た

だよう花」におけるセックスは、人種やジェンダー化された力学と不可分な政治的闘争の場ともなっている。ホアが参加する大学の講義で教師が次のように説く——「女性たちは社会への参画を実現した。自由を手に入れ、己の肉体を支配するようになった。政治家の功績ではない。自ら闘った結果だ。今も闘っている」。そしてこのシークエンスはホアと待ち合わせるマチューのショットへと繋がれるが、その編集の手つきによって男の無自覚さが一層際立つ。

　「スプリング・フィーバー」（09）でも鮮烈だった刺青が「パリ、ただよう花」ではマチューの右肩に彫られている。それは毒性の生物である蠍のようなデザインで、攻撃性や有害な男性性を示す象徴的な記号たりうる。しかしその刺青はマチュー自身の人物造形を正確になぞるだけにとどまらず、愛と傷の哲学を物語ってもいる。マチューの担いでいた部品がホアを殴打して果たされた出逢いに介在していた痛みは、運命の恋を手繰り寄せたのか。この映画には、傷つけられた痛みの感覚を愛だと錯覚するだけではないのかという厳しい問いがあるように思われる。実際、ホアとマチューが別れ話に至ったまさにその瞬間、マチューはお互いの指を刃物で傷つけ、血を交わそうとホアに持ちかけている。ホアが「傷跡が残ってしまう」と言うのも聞かず、2人はそうして痛みを伴いながら肉体を傷つけ血を流す。いかにも愛をそこに係留させる唯一の手段が痛みしかないと言わんばかりに。「天安門、恋人たち」（06）では"愛すれば傷つく"と謳われていたが、「パリ、ただよう花」では"傷つくから愛せる"へと転轍装置が作動している。映画のファーストショットとラストショットは、ホアの顔を映すクロースアップによって結ばれる。満開に咲けず、蕾のまま愛の隘路を彷徨するしかないホア＝花の顔を、観者は見送るほかない。

DATE

パリ、ただよう花
監督：ロウ・イエ
脚本：リウ・ジエ／ロウ・イエ
出演：コリーヌ・ヤン／タハール・ラヒム
2011／105分／フランス・中国合作
原題：花 Love and Bruises

スプリング・フィーバー

鋭利な刃物でもガラスの欠片でもなく鏡の破片だった

文 児玉美月

　しとどに揺蕩う蓮の花がまずこの映画に植物性を呼び込むのに反して、空は晴れ間を知らぬかのように曇天か、あるいは雨嵐のみに覆われつづける。花は陽光以外を養分として、1人の男の皮膚のうえで終盤にふたたび狂い咲くことだろう。その男の名をジャン・チョンという。誠実な夫であったはずのワン・ピンはジャンと秘密裏に愛し合い、彼らの仲を疑ったワンの妻であるリン・シュエが探偵のルオ・ハイタオに尾行させる。同性愛の男性2人と片割れの妻を含むこの図式が映画に立ち上がれば、大抵は女が犠牲者に、男が被抑圧者へと割り振られてしまう。

　この三角関係は決して映画だけの虚構ではない。中国において男性同性愛者が性的指向を秘匿して結婚したその妻は「同妻」と呼ばれ、2009年には同妻たちが青島で「第一回中国同妻会」を開催。婚姻していない男性同性愛者に対して結婚しないようにとする共同声明を発表する運動まで起こった。[*1] まさに2009年に製作されたこの「スプリング・フィーバー」というフィルムには、そうした現実が嵌入している。さらにルオの恋人リー・ジンまで絡み、ロウ・イエの映画が幾度となく描いてきた複数の人間たちによる複雑に入り組んだ物語が展開してゆく。

　映画の開始からまだ間もない頃からジャンとワンを捉えるカメラは艶かしい窃視性を纏っており、直ちに調査する探偵のまなざしが宿されていることが判明するのだが、そこには中国社会における同性愛の様態を覗き見する観者のまなざしもまた重なり合う。中国で

は1997年の刑法改正によって、それまで同性間の性行為を処罰する根拠とされていた流氓罪が廃止され、同性愛が"非犯罪化"された。2001年には中華精神病学会が決定した「中国の精神障害の分類と診断基準（第三版）」が同性愛を精神病と見做さなくなり、"非病理化"がなされたといわれる[*2]。中国初のゲイ映画とも称される「東宮西宮」（96）は北京にある紫禁城に位置したゲイたちのハッテン場と化している公衆トイレ「東宮西宮」を舞台に、ゲイの青年アランと警官が閉鎖的な密室空間において緊張感漲る会話劇を繰り広げる。そこでは警官がゲイを"病気"扱いし、アランが反論する一幕も演じられていたのだった。

　「東宮西宮」に代表されるように、中華圏において男性同性愛を主題として扱う映画が本格的に注目されるようになったのは1990年代に入ってからだった[*3]。ロウ・イエが「天安門、恋人たち」（06）で扱った天安門事件を一つの山場に織り込んだ香港の名匠スタンリー・クワンによる「ランユー」（01）は、1988年の激動の北京を舞台に実業家のハントンと学生のランユーの悲恋を描いた。ハントンは結婚して子を作るのが一人前の男なのだと口にし、異性愛に基づいた社会規範に雁字搦めのあまりランユーを傷つけてしまう。ジャンがいなければ生きていけないほどだったにもかかわらず、妻と別れられずにいたワンもまた、もしかしたら凝り固まった価値観の監獄に囚われていたのかもしれない。

　夫と愛人。異性愛者と同性愛者。ナイトクラブでの女性の姿と昼間の男性の姿……。「スプリング・フィーバー」の男たちはそうして"二重生活"を営む。ロウ・イエの映画に生きる人間たちは、多くが二重性を纏う。そしてそれを象徴するモチーフとして、鏡が至る所に出現する。映画に初めてその姿を現すジャンも、車のルームミラーに映し出された鏡を通してだった。その後、ジャンはナイトクラブで鏡を入口として女性へと変身してゆく。ルオは曇った鏡を手で拭き取りながら自らの姿をそこに顕現させ、女性の恋人がいながらジャンに惹かれるホモセクシュアルな欲望と対峙する。自死を

決意したワンが結婚指輪を外すそのアクションを鏡越しに追う
ショットは、ワンがまさに異性愛者としての仮初の自身と決別した
瞬間を切り抜く。「スプリング・フィーバー」で交差する5人のう
ち4人は、鏡に映し出されるショットがあるものの唯一リンにだけ
は、彼女を映す鏡は与えられていない。何故ならリンにとって男の
ジェンダーとセクシュアリティの二重性を媒介し可視化するそれは
忌むべき装置にほかならないのだから。リンがジャンの首に突き立
てたのは、鋭利な刃物でもガラスの欠片でもなく鏡の破片だった。
リンは憎悪の対象である鏡を武器にして、夫を奪ったジャンを傷つ
けようと目論んだ。

　リンにつけられた傷痕を隠蔽するため身体に植物模様を刻印した
ジャンは、街中を練り歩く。行き交う人々が嫌悪で顔を顰め、そう
でなければ好奇の視線を向けるその先には猫の亡骸が無惨に横た
わっている。それは果たして誰だったのだろう。誰がそこに仮託さ
れているのだろうか。映画は幕開けと同時に高速移動するカメラに
よって鬱蒼とした木々の緑を画面に巻きつけようとする身振りを見
せた。雨風を受けた草花たちの揺れとざわめきは、彼らがゆく道程
の不確定の喩となる刻々もある。とどのつまり、この映画に出てく
るあらゆる人間は植物なのであり、根無草の如く人生の隘路を彷徨
う。道を歩けば刺され、車は故障を余儀なくされる。劇中で恋人た
ちが郁達夫による「春風沈酔の夜」の一節を朗読するかたわらで
ゆっくりとカメラは移動し、窓外に広がる南京の景観を映し出す。
薄汚れたガラス一枚が通された霧がかった空はやはり暗く、あての
ない草花たちはさてどうして生きていけるのだろうかと思索せずに
はおれない。

＊1　遠山日出也「セクシャアル・マイノリティ」『中国ジェンダー史研究入門』京都大学学術出版会、
　　2018年、443頁。
＊2　遠山日出也「近年の中国におけるLGBT運動とフェミニスト行動派」『現代思想2015年10月号
　　特集＝LGBT』青土社、2015年、168頁。
＊3　song，L. H.（06）．Celluloid Comrades: Representations of Male Homosexuality in
　　Contemporary Chinese Cinemas. University of Hawai'i Press,p.1.

◆DATE
スプリング・フィーバー
監督：ロウ・イエ
脚本：メイ・フォン
出演：チン・ハオ／チェン・スーチョン
2009／115分／中国・フランス合作
原題：春風沈醉的夜晚 Spring Fever

天安門、恋人たち

"愛情"の傷痕を描いた、遠い日の嵐のような映画

文 八幡橙

「天安門、恋人たち」。ロウ・イエの名を世界に轟かせた、いわゆる"衝撃の問題作"だ。中国では最大のタブーとされる1989年の六四天安門事件を取り上げ、また、主人公が複数の男と関係を結ぶ一糸まとわぬ性描写から、2006年、中国広電総局は「映像も音声も不鮮明で汚い」ということを理由に、2回にわたり審査を拒否。それでもロウ・イエは、カンヌ国際映画祭コンペティション部門へ本作を強行出品し、結果、"5年間の映画製作・上映禁止"の厳しい処分が下されたことは、周知のとおり。

もはや伝説と化したこのエピソードは、ロウ・イエや本作がどれだけ過激でアグレッシブかと、未見の人を身構えさせるに十分だろう。だが、その後の作品群を眺めてもわかるように、センセーショナルな一面だけで語るような映画では、当然ない。天安門事件によって人生が揺らいだ若者たちを描いた作品に違いないが、ロウ・イエとも、ハオ・レイ（郝蕾）演じる主人公のユーホン（余虹）ともほぼ同世代の自分には、これは時代と場所を限定した特殊なものというよりむしろ、極めて普遍的な、永遠に終わることのない魂の彷徨の映画に映る。闘う監督と称されるロウ・イエだが、彼の映画は常に、真正面から社会を抉り、糾弾しようとはしない。もちろん、検閲の厄介さも無関係ではないだろうが、それが彼のスタイルなのだと思う。本人も語るようにロウ・イエが描きたいのは、中国が抱える数多の問題それ自体ではなく、時代の波に翻弄され、その中を泳ぐように漂う人間の姿なのだから。

「頤和園（Summer Palace）」という原題は、北京にある歴史的な庭園公園の名前だ。辺境の町、図們（トゥーメン）に暮らす1人の少女が大学に合格し、北京へとやってきて、チョウ・ウェイ（周偉）という男と出会い、運命の恋に落ち、愛しすぎて失うことを恐れすぎた余りにそれを失い、同時に自由を求める時代の熱に煽られ、すぐさま踏みにじられた挙句、大学を去り、チョウ・ウェイを忘れられないまま日々を漂う。そんな、1人の女性の1987年から2001年にわたる14年間の愛の軌跡。場面としてはわずかだが、確かに劇中"頤和園"は、まだ恋が始まって間もない頃のユーホンが見せる、その刹那だけの淡く儚いきらめきを内包する場所として、印象深く心に残る。

　映画は冒頭、こんな一節から始まる。

　ある夏の晩
　それは風の如く　突然やってきた
　どうにも防ぎようがなく　心が乱され
　影のようにつきまとって　離れない
　それが何かは　わからないが
　あえて呼ぶなら　愛情だろう
（ユーホンの日記より）

　ここから全篇、日記という形を借りてユーホンの独白が続くのだが、その言葉の一つ一つが文学的かつ哲学的な思索に満ちていて、観賞後は壮大な大河小説を読んだかのような余韻が、観る者の胸をじんわり、ひたひたと浸してゆく。
　個人的に天安門事件が起こった1989年はちょうど就職活動中の大学4年生だったが、淡々とした、無味乾燥と言ってもいい自分の学校生活は、映画で描かれるそれとは余りにかけ離れていて、重なるものはほとんどない。本作で描かれる学生の姿は、日本でいえば、もっとずっと上の世代の青春を彷彿とさせる。時代にすると、

1968 〜 1969年あたりの学生運動が盛んだった、いわゆる全共闘の頃だろうか。それゆえ最初に観たときに、心の中で自然に重なったのは、遠く若かりし日に読んだ高野悦子著「二十歳（にじゅっさい）の原点」だった。

「二十歳の原点」は、当時立命館大学の学生であった高野悦子氏が、学園紛争に揺れる時代のさなかで"己は何者か"と自問し、内省し、それでも成長せんと格闘する日々を、自ら命を絶つ直前までノートに綴った約半年間の実在の日記だ。世間が求める従順で清らかな女の子像に反発するかのように頻繁に煙草を吸い、酒を呷（あお）る、一見自由を最大限に謳歌するかのごとき日々の中で彼女が日記に投影する苦悩は、ユーホンのそれと大きく重なる。

　　独りであること、未熟であること、
　　これが私の二十歳の原点である。

　日記を象徴する、この有名な一文。もしも映画の中でユーホンが綴っていたとしても、何ら違和感はない。例えば、ふわふわと真っ白い柳の綿毛（柳絮（りゅうじょ））が舞う、水のないプールの底に沈みながら、眉を顰（しか）めて横たわったユーホンが1人、心の中で呟いていたとしても。

　ユーホンは自身の日記に綴っている。なぜいつも早急に男たちと関係を持つのか？　それは、体を重ねることで男たちが私の良さに——善良さと慈悲深さに——気づくからだ、と。不器用で孤独な彼女にとって、肉体は愛情を受け取り、相手に伝える手っ取り早い手段なのだ。そうして、妻子のある男との間に子を宿し、堕胎し、自らを深く傷つける。一方「二十歳の原点」の高野悦子氏は、そうする代わりに自らの指先を切りつけ血が流れていることを確認し、闘争に参加してバリケードを組み、棍棒で殴られたり蹴られたりして強い痛みを感じてゆく。先が見えない暗闇を手探りで進むかのような青春を送る彼女たちにとって、肉体が受ける痛みこそが、唯一の

生きている証だったと物語るように。

　今回、この原稿を書くに当たって再び「二十歳の原点」を読み返したあとで偶然、過去に来日したロウ・イエが「1968年の日本は、1989年の天安門事件後の中国と共通する雰囲気だったと思う」と語っていたことを知った。2015年1月、「二重生活」(12)の日本公開時に東大で特別講師をした際、受講者1人から「『天安門、恋人たち』は村上春樹の『ノルウェイの森』に影響を受けているか」と訊かれ、回答の一部とし、発言したものだ。

　この言葉のとおり、若者が自由を求めて立ち上がった時代の空気が彼らに共通して与えた影響は、計り知れない。ある種の希望を抱いて地元を離れ、大学に入学し、そこで青春を謳歌せんとしたときに、時代の機運が、周囲の人々の持つ意識が、突如としてうねりを打ち始め、有無を言わさず激しい熱波に呑み込まれてしまったとしたら……。その戸惑いは、個人的な悩みのレベルを遥か超越するものになるはずだ。自分はどこに立ち、何を叫ぶべきか。その選択次第で、ずっとただ一緒に笑っていられるはずだった友人や恋人との間に、見えない溝が生まれるかもしれない。映画の中にはっきりと描かれる、"自分たちの手で民主化を摑み、何かを変えられるのではないか"という期待と昂揚、仲間たちとの強い結束感と、それが圧し潰された直後の無力感や絶望は、1989年の中国でなくても──1968年の日本であっても、共通するものがあったのだと思う。

　1968年が舞台の「ノルウェイの森」といえば、もう一つ。この映画と重なる点として、男女入り混じった2対1のアンバランスな3人模様が挙げられる。女が真ん中にいて、両脇にいる男2人の肩を抱く絵は、ロウ・イエが「天安門、恋人たち」の続編だと公言している「シャドウプレイ【完全版】」(19)においても、象徴的な構図だ。ほかの作品でも、ロウ・イエが好んで配置する図ではあるが、「天安門、恋人たち」では前半の大学時代と、離れ離れになる後半において、さりげなく人物を入れ替えながら、見事三角関係が効

果的に映し出されている。

　天安門事件の騒乱の帰り道、昂奮を抱えながら夜の道を歩く、ユーホンと親友のリー・ティ（李緹）、そしてその後、リー・ティとも関係を結ぶことになるチョウ・ウェイ。大通りを疾走してきた彼らは、チョウ・ウェイを真ん中にして、肩を組みながら歌を歌い、意気揚々と誰もいない往来を闊歩する。だが、やがて昂奮も醒め、いつしか誰もが黙り込み、輝いていた表情には翳りが差し始める。1989年の6月4日。そこで運命が切り替わったかのように、全てが変化を遂げるのだ。ユーホンは大学を辞めて帰郷し、リー・ティとチョウ・ウェイは、リー・ティの恋人ロー・グー（若古）がいるベルリンへ。そこから、リー・ティを真ん中にした女1人、男2人のトライアングルが始まる。

　北京でのシーンをきれいに反転するように、デモで賑わうベルリンの街を、肩を組んで歩く3人。しかし、この時チョウ・ウェイは中国に帰国することをすでに決めている。リー・ティは自身を真ん中に置き、"老夫婦のような"彼氏と、親友の恋人だった男と3人で肩を組んで歩いた直後、囲いのない屋上から突然、宙へと身を投げるのだ。映画はユーホンのモノローグのみで綴られるため、リー・ティのこの行動はあまりにも唐突で、理解不能の出来事に見える。

　だが、何度か観直すうちに、もしかしたらユーホンとリー・ティはコインの表裏のような、2人で1人ともいえる関係なのかもしれないと思うに至った。大学時代、最初にチョウ・ウェイから別れを告げられて情緒不安定になったユーホンは、1人ぼんやりと屋上に佇む。それを見たリー・ティは、飛び降りてしまうと思い込み、慌てて駆け寄ってユーホンを抱きしめる。それから2人は一つのベッドで寝て、同じ生地の洋服を纏い、まるで双子のように行動するのだ。チョウ・ウェイを失うことを恐れ続けたユーホンは中国に残り、彼とは別の人生を歩む。一方、リー・ティはチョウ・ウェイと共に自由を求めてベルリンへ渡るが、彼との別れが決まったとき

に、ためらいなく宙に舞った。

　リー・ティは、飛び降りる直前、ベランダでチョウ・ウェイの髪を切ってあげながら彼に訊く。

「あの年の夏、私たちに何が起きたの？」

　あの年の夏──。1989年、先に乗り込んだリー・ティの姿を窓辺から見つめ、一瞬躊躇したのちユーホンがトラックに駆け寄っていった、6月4日。そこから人生のピークともいえるような、一瞬の、躍動感溢れる天安門への道行きが描かれる。この映画で天安門事件が映し出されるのは、この場面を含めほんのわずかだが、リー・ティに呟かせたこの一言に、ロウ・イエは"あの年の夏"がそれぞれの人生を引き裂いていったことを如実に物語らせている。

　リー・ティの死は、もしもユーホンが生涯でもっとも愛したチョウ・ウェイと別れず、彼とベルリンへ渡っていたとしても、決してうまくは行かなかったと暗示しているようで、なんとも虚しい。

　歴史的な大事件が背後にあろうとなかろうと、忘れられない夏は誰しもにきっとある。あの夏の晩、風の如く突然やってきて、何とも防ぎようがなく心を乱していったもの──。本作は、そんなひと夏の足跡を、あえて呼ぶなら"愛情"の傷痕を描いた、遠い日の嵐のような映画なのである。

※参考文献　高野悦子著　「二十歳の原点」（新潮文庫）

「天安門、恋人たち」重慶でのロケ風景

DATE
天安門、恋人たち
監督：ロウ・イエ
脚本：ロウ・イエ／メイ・フォン／イン・リ
出演：ハオ・レイ／グオ・シャオドン
2006／140分／中国・フランス合作
原題：頤和園 Summer Palace

パープル・バタフライ

ロウ・イエにとって反復とウィッグは同義語であり、
言ってみれば、それは二重性の変奏（変装）なのだ

文 相田冬二

　ロウ・イエは、反復とウィッグの映画作家である。

　女優を主人公とした近作「サタデー・フィクション」(19) で
も、ある（撮影）シーンを何度も反復し、初期作「ふたりの人魚」
(00) のブロンドロングヘアーウィッグは、やはり近作の「シャド
ウプレイ【完全版】」(19) のピンクボブカットウィッグへと越境した。

　ロウ・イエにとって反復とウィッグは同義語であり、言ってみれ
ば、それは二重性の変奏（変装）なのだ。

　代表作の一つが「二重生活」(12) と題されているのは偶然では
ない。彼は、間違いなく二重性に取り憑かれ、また愛好している。

　たとえば、ジョン・カサヴェテスがある種の精神疾患にどうしよ
うもなく取り憑かれているように。デヴィッド・クローネンバーグ
が人間身体の変容を能天気に愛好しているように。

　ロウ・イエは二重性という主題に惹きつけられ、積極的に介入＝
挿入している。つまり、二重性は彼にとって、受動態であり、能動
態である。どちらも同じことなのだ。二重性に選ばれ、二重性を選
択している。抗うこともないし、飽きることもない。身を任せてい
るし、支配してもいる。

　もはや、反復が先なのかウィッグが先なのかもわからなくなって
いるのではないか。

　反復とはウィッグのことであり、ウィッグとは反復のことなの
だ。ウィッグがあるから反復するのか。反復の発露としてウィッグ
が存在するのか。どちらでもいい。だからこその、二重性。

ロウ・イエにとってのウィッグは、隠蔽ではなく解放である。「ふたりの人魚」や「シャドウプレイ」の少女たちは、ウィッグをかぶることで、別人に変身するのではなく、真の自分を剥き出しにしようとする。つまり、カムフラージュではなく、ストリップティーズに近い。「ふたりの人魚」の2000年に、来るべきコスプレの時代を予見していたとも言えるが、重要なのは自己隠蔽ではなく自己解放としてのウィッグ行為の行き着く果てがハピネスではなく、悲劇でしかないことだろう。

　ウィッグによって自己を解放しても、それは結局、自己を反復することにしかならない。ロウ・イエは常に、その様相をしぶとく見据えている。だから、時にファンタジックにも映る彼の視座は、いつだってシビアだ。

　ウィッグは具体として画面に姿をあらわすこともあれば、間接的に表出することもある。そもそもウィッグはメタファーなのだから、どちらであっても構わない。

　自己を変装し、反復としての二重奏を繰り広げる作曲家＝演奏家としてのロウ・イエを念頭に置いて「パープル・バタフライ」を見つめるなら、彼にとって最初の大作と呼んでいいこの映画が既にやりたい放題の一大博覧会であったことに絶句するしかない。

　前作「ふたりの人魚」からわずか2年後。製作費はいったい何倍になっていたのだろうか。中国近代史を描く際の映画マナーを援用しつつも、その定番におもねることなく、いや、一切怯まず、二重性というテーマを推し進めている。

　そもそも、チャン・ツィイーの起用は、大作に相応しいスタアの風格を求められてのことだろうが、大女優然とさせることがまったくない。アップを多用しており、チャン・ツィイーも確かに熱演だが、その熱にカメラがフォーカスする瞬間はない。エモーショナルなシークエンスほど、映画はひょいとそっぽを向く。その様はあまりに自然で、狡猾さも漂わない。音楽は鳴る。が、感情的な芝居をすればするほど、サウンドは低温になる。確信犯。

1930年前後。中国で反日感情が吹き荒れる頃。満州で出逢い、恋におちた中国人女性と日本人男性が、上海で再会。女はレジスタンス組織に、男は日本軍諜報機関に属していた。つまり、スパイ×スパイとして出逢い直す。

　このありきたりなシチュエーションに、運命のミステイクから二重スパイとして生きることを強制されることになった青年をぶち込むことで、ロウ・イエは、凡庸な悲恋ものを激しく振動させる。この青年が、動乱の最中、恋人を失い、目的意識を奪われ、思想なき奴隷と化していく様を、丹念に、そして力強く描く。無目的な青年が、組織の横暴によって、生きるしかなくなる非情の罠が克明に記録されているからこそ、自由意志で自身の行く末を選択しているかに思えるチャン・ツィイーと仲村トオルのカップルもまた、二重性を暴かれていくのだ。

　スパイという存在が二重性であることは言うまでもない。しかし、ここで問われているのは、愛か任務か、というような命題ではない。人間は、そもそも二重性を生きているのではないか。ロウ・イエが突きつけるのは、そのような疑問である。

　言語という障害があるからなのか。それとも、お互い無口なのか。あるいは、恋する者たちがそうであるように言葉は不要だからなのか。

　まるで北野武の「あの夏、いちばん静かな海。」(91)の真木蔵人と大島弘子のように、序盤のチャン・ツィイーと仲村トオルは寡黙だ。話せないのではないか、と思うほどの無言、無音。

　前述したように、様々な理由が考えられる。その根拠の全てが複雑に絡み合っているのかもしれない。だが、おそらくそうではない。彼女と彼は、ああした状況を互いに利用し合っていたのだ。

　2人がどんなに無垢に見えても、どんなに深く通じ合っているように思えても、その恋には打算があった。いや、好きだからこそ、打算が介在するのだ。

　俯きがちなチャン・ツィイーも、まだ不慣れな中国語をぶっきら

ぼうに口にする仲村トオルも、無言と無音の世界を利用していた。ここに二重性がある。ロウ・イエの非凡な着眼である。

　両者はそれから数年後、スパイとスパイとして対峙する時、かつてから変貌していたわけではない。家族や祖国には最初から縛られていた。彼女は彼女であり、彼は彼だったのだ。

　それでも抱き合っている時、全てから解放される。カムフラージュすることなく、シンプルな恋人たちになる。そんな幻想を観客は抱こうとするかもしれない。しかし、そんな理想としての概念である抱擁は、クライマックスで見事に打ち砕かれる。

　これは、すれ違いを描いた悲恋ものではない。最初から、すれ違っていた2人を直視した物語である。人と人とは、すれ違っていてもいい。それでも価値はあるのだ。ロウ・イエの筆致からは、そんな毅然とした態度が感じられる。

　運命に翻弄される恋人たちを眺めるのは気分がいいものだ。観客の野次馬的な本性がそこにある。ロウ・イエは、運命に翻弄されず、生まれながらの二重性を生きる女と男の旅路を追跡することで、悲恋に泣きたがる観客に、否！　を突きつける。その潔さ。

　本作にはウィッグは登場しない。だが、前半と後半で、チャン・ツィイーの髪型は一変する。あれもまたウィッグの変奏（変装）であろう。

　パーミングヘアーとなったチャン・ツィイーがどんなふうに姿をあらわすか、思い返してほしい。彼女は陸橋を渡る。向こう側からこちら側への移動と下降は、長回しによって愚直に凝視されている。

　川から橋を見上げることが幕開けとなった「ふたりの人魚」を想起するなら、ロウ・イエは橋の作家でもあることが氷解するだろう。「パープル・バタフライ」では川は流れない。そのかわり、列車が通過する。

　人は、橋を渡る。しかし、変わらない。ウィッグと同じメタファーである。変わりそうで変わらない、人間本来の二重性。それをロウ・イエは反復する。

これは、チャン・ツィイーという女優の特色でもあるが、彼女には少女のあどけなさと老女の諦念とが共に寄り添うように宿っている。本作の序盤でもそれが顕著に表出されていた。

　ロウ・イエは、あくまでも二重性を見つめ抜く。

　では、現代中国映画界に君臨するもう1人の女王、コン・リーを迎えた「サタデー・フィクション」でロウ・イエはどのようなことを企てたのか。それはまた別の話だが、そこでも二重性の織物は継続されている。女優が女優を演じるという、古典的シチュエーションが分解され、ロウ・イエにしかなし得ないモノクロームのタペストリーが提示されている。

●DATE
パープル・バタフライ
監督：ロウ・イエ
脚本：ロウ・イエ
出演：チャン・ツィイー／仲村トオル
2003／128分／中国・フランス合作
原題：紫蝴蝶 Purple Butterfly

ふたりの人魚

もう二度とあの場所には戻れないことを知る

文　八幡橙

　泥にまみれた汚い川を、カメラは大きく揺れながら滑るように進んでゆく。次々に映し出されるのは、舟の舳先に干された洗濯物や、上空に架けられたいくつもの橋、その欄干にもたれ川を見下ろす人々、つるはしで壊されてゆく廃ビルと、まったく対照的に対岸にそびえ立つ高層マンション群……。猥雑で混沌とした1998年の、上海の人々の暮らしがはっきりと見える。

　そこで現れるタイトル──「蘇州河」。この原題どおり、「ふたりの人魚」（00）は川で始まり、川で終わる物語だ。生き物のように動き続けるカメラに導かれて、予測不能な旅にも似た奇妙な体験がここから始まる。

　陸に上がったカメラは、まず町の壁のあちこちにスプレーで刻み付けられるチープな広告を捉える。「なんでも撮影します」。そこに、語り部となる《僕》のモノローグが重なる。カメラは“撮影屋”である彼の目そのものであるから、《僕》の姿は最後まで見えない。語りだけでなく、映像までが完全に主観を貫く斬新なスタイルの「ふたりの人魚」は、ロウ・イエのフィルモグラフィーとしては3作目だが、国際的に名を知らしめたという意味では記念すべき最初の作品だ。同時に、続く作品でより進化、あるいは深化を遂げてゆくロウ・イエ独自の持ち味や色が、すでにぎゅっと凝縮され、存分に詰め込まれていることがはっきりとわかる、鮮烈な1本でもある。

　手持ちのカメラの躍動が、ドキュメンタリーに極めて近い手触り

を生み出す点も、もちろんロウ・イエ作品を語る上で欠かせない要素だが、「ふたりの人魚」は、珍しいほど濃密なファンタジー性を併せ持ち、両者の混在が、虚と実のあわいを儚く浮かび上がらせる。

　虚と実。ここでは、視点人物であるはずの《僕》が、話の進捗につれてすっと後ろに引いてみたり、いつの間にか戻ってきたり、曖昧な境目のうちになめらかに入れ替わるところが何より、面白い。嘘か本当かだけでなく、その後のロウ・イエ作品と同様に、時間も、空間も、自由に混ざり合いながら泳ぐように流れてゆく。現在と過去、清らかさと汚らしさ、幸福と絶望、そして永遠と無常……全てが綯交(ないま)ぜになった川を一緒にたゆたうような感覚は、混乱と同時に不思議な心地よさを観る者にもたらしてくれる。ロウ・イエの映画は、どんな内容であろうと必ずミステリー味を帯びているが、それはきっと、しっかりと至近距離から人間を見つめているからだろう。人間の心も、人生も、移ろいやすく先が読めない。全てがミステリーなのだと言わんばかりに。

　《僕》は、撮影の依頼で訪れたバーで、店内の水槽を泳ぐ人魚のメイメイ（美美）と出会い、恋に落ちる。気まぐれで時々行方をくらますメイメイは、《僕》に「私がいなくなったら、マーダー（馬達）のように探す？」と訊ねる。マーダーとは、かつて離れ離れになった少女ムーダン（牡丹）を必死に探している運び屋だ。ミステリーを生む鍵は、メイメイとムーダンの容姿にある。2人は、誰が見ても同一人物だと思うほどに瓜二つなのだった。物語は、恋をする《僕》とメイメイ、それからメイメイをムーダンだと信じてバーに毎日訪れるマーダーの3人模様を描きつつ展開する。果たして、メイメイは、過去に「次に会うときは人魚になってるから」とマーダーに言い残して川に飛び込んだムーダンなのか？　ムーダンのことを愛し続けるマーダーと同じく、観る者もその謎に吸い込まれてゆく。カメラの軌道そのままに、ぐらぐらと右に左に揺れながら。

　もう一つの大きな魅力は、何と言ってもメイメイとムーダンの2人を演じるジョウ・シュン（周迅）のころころと移り変わる表情に

ある。恋の始めの頃、《僕》と並んで歩くメイメイの明るい——おどけながら煙草をくわえたり、フーセンガムを膨らませたりする——弾むような笑顔、《僕》とキスをするように画面いっぱいに近づいてくる甘やかな顔、金髪のかつらをつけ派手なメイクを施した別人のような姿で、唐突に現れたマーダーの話に耳を傾ける、物悲し気なその顔……。一方、ムーダンとして見せる表情も刻々と変化し、一つ一つが忘れ難い。好きになった運び屋マーダーの前に、左手には彼からもらった人魚の人形を、右手には父親が密輸入している洋酒ズブロッカの瓶を携えて飛び出してくる、まさに少女と大人の中間を漂うような、あどけなさと情熱を湛えた顔。自分がマーダーの仲間たちに誘拐されたと知ったときの、マーダーをキッと睨む、強く悲壮なまなざし。ラスト近く、再会を果たしたマーダーの肩にもたれて夕暮れに包まれる、空の向こうの、もっとずっと向こうを眺めているかのような、地の果てにも似たあの顔……。

こうしたジョウ・シュンのこまやかな表情の変化が、これもまた監督のこだわりポイントとして知られる象徴的な"光"の描写と共に、美しい一枚の絵となって映画に刻まれてゆく。「シャドウプレイ【完全版】」（19）製作の裏側を、妻であるマー・インリー（馬英力）が見つめたドキュメンタリー「夢の裏側」（18）で撮影監督のジェイク・ポロックが語っていたように、「ライティングにここまでこだわる監督はいない」というほど突き詰められて初めて実現する光と影の配置が、初期の本作でも随所に見受けられる。例えば、窓越しにちかちかと点滅しながら、メイメイの顔を不安げに浮かび上がらせるバーのケバケバしいピンクのネオン。マーダーやメイメイの部屋にぶら下がっている、剝き出しの電球に灯る橙の明かり。穢れた川の全てを覆い尽くすように水面に浮かぶ、きらきらと輝く光の黄金——。どれもこれもが美しく、過ぎ去ってゆく一瞬を永遠に続くかのように錯覚させながら、目に見える物の、さらにその深い奥までを映し出してゆく。

ロウ・イエの映画は、観終わった後にいつもある種の苦みを残す

が、それは多分、川の流れに身を任せるかのごとく映画の中を漂った結果、入口とはまったく違う、遠く離れた出口に流れ着いてしまうからだと思う。そこにきて再び、彼は序盤で通り過ぎたある景色や言葉を、もう一度蘇らせる。この映画の場合は、メイメイが口にする「私がいなくなったら、マーダーのように探す？」という問いが、終盤で再度、《僕》に向かって投げかけられている。「スプリング・フィーバー」（09）でいえば、自ら死を選んだかつての恋人が朗読していた、本の一節。「天安門、恋人たち」（06）なら、大学入学直後、主人公が恋に落ちる相手と初めて出会った瞬間や、トラックの荷台にぎゅうぎゅうに詰め込まれて天安門へ意気揚々と向かっていく、若き日のあの情景。辿り着いた遠い場所で、かつての輝きを再び目の当たりにするとき、私たちは甘く懐かしいような、切ないような、複雑な心境に陥る。そして同時に、もう二度とあの場所には戻れないことを知る。とどまることを知らない急流のようなロウ・イエの映画は、過ぎて来たどこかで目にした刹那のきらめきの集合体として、いつまでも胸を疼かせるのだ。

真実と虚構の間を行き来する複雑な構造の本作だが、映画のさらに枠外に存在する現実も、20年あまりの時を経て、特別な感慨と悲しみをもたらしている。マーダーを演じたジア・ホンシュン（賈宏声）は、1995年から薬物中毒の治療のため休業しており、本作で見事に復帰を果たした。ここで純愛を演じたジョウ・シュンとは、実際に恋愛関係にあったと伝えられている。薬物中毒と闘っている間は、妄想や幻覚にも悩まされたと自ら、語っていた。悲しむべきことに彼は、2010年に43歳の若さで自ら命を絶ってしまったが、彼が演じたマーダーは、寡黙で不器用でありながら、瞳に憂いを宿す愛すべき人物として、永遠に映画の内に息づいている。

幾重にも入れ子になっているような、入り組んだ作りの「ふたりの人魚」。鑑賞後、さらにもう一つ心に湧き上がってきた疑問がある。舟の上から「労働や友情、家族愛、孤独……川は全てを見せてくれる」と冒頭で話し、ラストで「約束どおり彼女を探そうか？

いや、よそう。永遠のものなどないのだ」と語るその主は、果たして撮影を生業にしている《僕》なのだろうか？　物語の始まりと最後、川の上で揺らめく視点は、ひょっとしたら人間の生活を、穢れを全て呑み込み、陽が昇れば再び光を浮かべる「蘇州河」、そのものの目なのではないだろうか。

　はっきりとはわからないが、これだけは確かに言える。「ふたりの人魚」は、ロウ・イエという映画作家の全てを見せてくれる、川のごとき佳編である、と──。

DATE

ふたりの人魚
監督：ロウ・イエ
脚本：ロウ・イエ
出演：ジョウ・シュン／ジア・ホンシュン
2000／83分／中国・ドイツ・日本合作
原題：蘇州河

危情少女 嵐嵐

無尽蔵の生と死の欲求の後には、必ず無尽蔵の罪と罰が続く

文 孫小寧

　ロウ・イエの作品である「危情少女 嵐嵐」(95) は、「デッド・エンド 最後の恋人」(94) とほぼ同時期に生まれた作品だ。文芸青年たちがよく参照する"Douban"のスコアを見る限り、現在のロウ・イエの名声に比べて、その評価は遥に低いのである。しかし、それは、ロウ・イエの初期の映画作品がすぐに成功を収めたわけではないことをちゃんと示している。後に彼のファンになった観客であっても、そこからは、せいぜい、ロウ・イエ式映画の雛形を見出すことしかできないだろう。ジャンル映画として、ここには、多くの要素が詰まっている。この映画を繰り返し見返しているネット上のファンの中には、"子どもの頃のトラウマ"として再評価する人もいる。一方、ロウ・イエの映画と初めて接する純粋な観客は、"スリル""ホラー"というキャッチフレーズに惹かれて鑑賞した後、大抵は低い評価をつけて去っていく。

　私はロウ・イエの作品を追い求める観客の1人ではあるが、筆を取る際に、少し考える時間が必要だった。この映画をサスペンス・ホラージャンルに分類するならば、私自身、このジャンルの映画を多くは観ていないことを認めなければならない。歴史上の有名なホラー映画でも、私は通常3分も見ていられない。日本や韓国のホラーは、冒頭の数分で逃げ出すことが多い。ホラー・シーンが心臓に悪いのか、あるいは、ホラー・シーンがくるまでの時間が怖かったのか。私の経験上、後者の方が多い。しかし、この作品は、落ち着いて最初から最後まで観ることができた。それは、あまり怖くな

いからか、それとも何か特別な要素が私の心や思考を誘惑したからか？

　少しずつ、後者だと思うようになった。ホラー映画に関しては、あまり観たことがないものの、いくつかトラウマを残す映画もあった。中国の「画皮 あやかしの恋」(08) や香港の「夜半歌聲 逢いたくて、逢えなくて」(95) を例に挙げると、ホラー映画は、こちらの急所をしっかりと押さえつけ、目前に恐怖があることを分からせながらも、身動きが取れないような感覚にする。たとえ、ストーリーがつまらなかったとしてもだ。しかし、この作品では、恐怖がしっかりと作られている。数階建ての古い家は、上に行くほど暗くなる。階段には蜘蛛の巣、窓辺には揺れる木の影、幽霊のように見える影。孤独な少女は、夢の中で亡くなった母の顔や声を見たり聞いたりし、悪夢は過去の出来事を明らかにし、これから起こることを予告する。

　少女が夢の中で見たオルゴールが、目を覚ました時に目の前にあった。これは確かに恐ろしいことである。しかし、さらに恐ろしいのは、夢と現実で変化している少女のメイクだ。青いアイシャドウと同色のリップスティック、黒いスカートの中の鮮やかな赤。夜に見るそれは、非常に恐ろしかった。部屋の中の大きな影の中で、時々目立つように現れる小物は、目前の恐怖を警告する。

　明確な時代や地域が存在しない中で、映画のキャラクターたちは、時空を超えたツールとして物語を進める。物語は一女二男の恋愛のもつれから始まる復讐の物語として展開する。裏切られたと感じた夫は、家を出て故郷に戻り、人を死に至らせる薬を開発し、それを妻に飲ませて自殺に見せかける。数年後、彼は再びその古い家に戻り、夢の中の手がかりに従って、ここに引っ越してきた娘に対しても同じ復讐を始める。少女は危険な状況にあるが、古い家の秘密を探求し続ける。彼女の恋人であり、映画内で彼女を守る役割を果たす男も、もちろんそれに巻き込まれる。この作品の主役である

少女・嵐嵐（ランラン）はモデル出身のチー・インが、彼女の恋人で医師のルー・マンは、当時のハンサムな俳優ヨウ・ヨンが演じた。製作全体を通して、プロデューサーとして関与したナイ・アンは、ナースの役で出演している。邪悪な夫は、ルー・マンの愛が欲しいというナースの願望を利用し、彼女と共に悪事を働く。

　この作品の主要スタッフの中で企画を担ったのは、第5世代の監督ジャン・ジェンヤーであり、脚本は3人が担当している。ロウ・イエはこの中で脚本の編集としても参加している。彼の後の映画には、有名な脚本家のメイ・ファンが関わっているが、この映画の3人の脚本家はそれほど注目を集めていない。ということは、この作品の中で私を考えさせた要素は、脚本編集からきているのだろうか？
　映画は、表面と内面の二面性を持っている。表面と内容が一致する映画は、観客が信じやすく、自然に納得できる。しかし、形式だけが先行し、内容がひた隠しにされている場合、形式にきちんと意味があるか、その判断がつかないことがある。一見すると、この作品は、古典的なホラーとサスペンス要素を全て取り入れているように思える。古本に隠された古い地図と土地の権利書、古い家を指す"霍桑東路二号"の道路標示と、"通行禁止、危険"という警告。しかし、見ているうちに、私の注意は、あの「真夏の夜の夢」という古本に惹かれ、少女の夢とシェイクスピアの夢との関連を考え始めた。これが人間の意識の抽象的なレベルに向かう思考になる。しかし、それを我慢することはできない。この映画で少女と彼女の恋人が繰り返し話している「それは夢だ」「違う、現実だ」「あなたは幻覚を見た」「これは幻覚じゃない。全部、本当に起こっている」というセリフを耳にすると、その思考を抑えることはできない。

　映画は、夢に動かされ、それがこの少女を城のハムレットのようにさせて、真実を明らかにする使命を担わせる。映画の最後に、少

女は再び発言し始める。「何年も前の夢、何も覚えていない。美しい終わりだけが残っている。」それによって、前に起こった全てのことが、再び解消されてゆく。

　恐怖の雰囲気が台無しになるもう一つの原因は、嵐嵐の実父（つまり、母の恋人）の帰還にある。彼は古い家で娘の嵐嵐を邪悪な父親の復讐から守ろうと準備をする。しかし、少し戦っただけで、筋骨隆々としたこの男は、相手に胸を刺される。この時の血は、胸からではなく、浴槽に垂れる袖から滴り落ちる。血量は増え続ける。何度も浴槽に焦点を合わせるこのシーンは、とても趣味悪く思える。本物のホラー映画であれば、この部分からだんだんと違和感が出てくる。その後、嵐嵐の彼氏が助けに来る。嵐嵐を誘拐した"父"と戦うシーンにおいて、嵐嵐は柔らかい枕を拾い上げて後ろから叩く。しかし、それは本当に"叩く"といえるのだろうか。柔らかい羽毛が飛び散り、画面は一瞬で夢のようになる。もしかすると、これ以前の全ては、ただの幻だったのではないか？

　ホラー映画のファンはがっかりしてしまう。一方、ロウ・イエの芸術的なファンは、この哲学的な核心や内容が、実体のない物語や機械的な人物関係を通して表現されることに対して、ややインパクトが足りないと感じるだろう。

　ロウ・イエは、確かにジャンル映画からスタートした監督ではあるが、彼のスタイルは明らかにホラーよりも鬱系である。ただし、この作品はホラーに属すると、私は考える。時間を1990年代初頭に戻した際に、私たちが思い浮かべるのは、若い青年が映画を撮ることを決めた際に、脚本、人脈、資金、公開の可能性などを総合的に考慮する必要があるということだ。チームが結成されたばかりの頃、全ての要素が合わさりながら進行するので、それらが混ざり合うことは避けられない。ロウ・イエの後のファンが、この作品に彼の独特なスタイルを見つけたいと思うことに、同意はできる。犯罪現場のような特徴的な大雨や雷のシーンは確かに存在している。た

だ、キャラクターの性格や行動に関しては、後の作品に見られるような複雑で魅力的なフロート感に欠けるといえる。

　それでも、これが彼の初挑戦だといえるだろう。なぜなら、この作品には、ホラー、サスペンス、犯罪など、ロウ・イエのジャンル映画の要素が多数含まれているからだ。彼の映画について総合的に考えると、これらの要素に興味を持っているというよりは、これらの要素で構築されたフレームワークが、彼の"罪と罰"のテーマ―特に、人間同士の欲望のトラブル―を、最も適切に表現しているといえる。ほとんどがブラックホールのように無限の深さを持つが、それは単なる生物的な存在にはできない。ロウ・イエの映画は、成熟してきたことで、それを特定の時代や社会的背景の中に置くようになり、ある種の内なる表現力を作り出すようになる。

　前の作品と比較すると、ロウ・イエの後の映画には、内部的な恐怖が存在するように思える。それは、雰囲気がより強くなったからではない。触れることができる、平穏そうに見える、そのような生活の中に、とても繊細で緻密な計算が隠されていることに突然気がつくからだ。無尽蔵の生と死の欲求の後には、必ず無尽蔵の罪と罰が続くのである。

DATE
危情少女 嵐嵐
監督：ロウ・イエ
脚本：タオ・リンファン／ウー・ゼンネン／ソン・ジーガオ
出演：チー・イン／ヨウ・ヨン
1995／100分／中国
原題：危情少女 Don't Be Young

デッド・エンド　最後の恋人

時代と激しい青春の遺跡への追悼

文　孫小寧

　昨今流行している言葉に、「アンカリング」というものがある。ある人や出来事に特定の印象や感情を抱いたまま、それらをもとに、対象に関する情報を探し求めることをいう。しかし、そのような行為の目的は、あくまでアンカリングした認識の再発見に過ぎない。映画ファンも同様ではないか。特定の監督や作品に触れ、その初めての感動を永遠に保持し続けたいという衝動が生まれる。初作を探求する過程で、無意識のうちに現在の作品との関連を求めている。

　ロウ・イエの作品に魅了されたのは、最近のことだ。第6世代の監督たちは、一筋縄ではいかない曲者ぞろいで、彼らの作品の多くは、主にDVDで鑑賞されてきた。DVDが流行っていたあの時代は、第6世代の監督たちの作品が最も広まった場所だった。しかし、DVDの画質が悪い箇所については、それが、監督の独特な映像表現なのか、それともただの画質の問題なのか、その判断が難しかった。以上のような理由から、彼の作品を一時期は遠ざけていた。

　しかし、大画面の映画の時代が来たことで、この状況は変わった。手持ちカメラによる揺れやぼやけは、画質とは無関係であることが明らかとなった。ロウ・イエのカメラワークは、観客をその場の雰囲気に引き込む力がある。特に、画面上のキャラクターたちを雨で濡らすシーンは、観客の意識までもがぼやけてしまうほどだ。この時、私の頭には"淋しい"という日本語が浮かぶ。この言葉の

意味とその漢字の形が、ロウ・イエの映画と非常にマッチする。そして、もう一つ思い浮かぶ言葉は、“雰囲気”だ。物語を細かく伝えるのではなく、雰囲気や背景で語る方法として、ロウ・イエは、新しい映画のスタイルを提示している。ロウ・イエの映画では、物事の起こる過程が見えないことがあるが、それは雨や風のせいだけではない。因果関係や感情の嵐は、いつどこで、誰に向かって力を発揮するのかが予測できない、このことも、その理由の一つとしてあるのだろう。

　ロウ・イエの映画には、環境と暴力の突発的な要素がよく描かれている。しかし、彼のデビュー作を振り返る際に、私が感じるのは、より多くの親しみやすい記憶との共鳴である。それにより、無意識のうちに、この映画を私の住む都市の物語として受け取りたくなっている。もちろん、現実は違う。映画の中の多くの場面は、はっきりとした都市の座標を持っている。虹橋空港、曹渓北路、静安路、金山路……全てが上海を指しており、北京ではない。しかし、私がそのように誤認すること、あるいは、そこを私の住む都市の代わりとして受け取ることを許してほしい。この都市に私が足を踏み入れたのは、90年代の初め頃だったが、映画に映し出されている多くの場面は、過去の思い出を呼び起こすのに十分だった。例えば、半地下の迷路のようなゲームセンター、荒れたロックコンサートの会場、暗い映画館のラブシート、テレサ・テンの音楽、佐藤純彌の「君よ憤怒の河を渉れ」のセリフが挙げられる。そして、私がそのように考える、もう一つの理由は、映画のキャラクターたちにある。物語の中の女の子リー、そして運命の狭い道で出会う2人の男のアシーとララのセリフは、純粋な北京の話し方ではなく、さらには、少なくとも上海のそれでもないのだ。映画の中の俳優ジア・ホンシュンは、当時、中央実験話劇院に所属していたはずである。そのように考えた時、私は、かつてその劇場で見た他の俳優たちが住んでいた建物を思い出した。質素な部屋に住んでいた彼らが、有

名な劇場のステージに立つと、輝きを放ちはじめ、当時の観客に、数多くの実験的で、真摯かつ大胆な公演を贈っていた。

「デッド・エンド 最後の恋人」は、1985年から1993年頃を描く映画だった。私は、当時の中国の大都市から地方までの全てが、同じ時代の雰囲気に浸っていたと信じている。若者たちは、一方で興奮し、一方で落ち込みながら、音楽やステージを通して、自分自身の感情を吐露していた。

　もちろん、当時のロウ・イエがこの作品を作ったのは、自らの映画キャリアのための新たな道を開くためであり、将来の観客にノスタルジーを抱かせるためではなかった。しかし、客観的に見れば、この映画は、多くの時代の物象や青春の遺産を記録しており、今では非常に貴重であるといえる。例えば、「十月嬰孩（シーユエインハイ）」というバンドのライブや、当時のスクリーンでおなじみの女優マー・シアオチン、そして、天才俳優としての評価を受けていたジア・ホンシュンなどが挙げられる。現在、一人は姿を消し、もう一人は2010年に亡くなっている。

　私は、マー・シアオチンを筆頭に、ロウ・イエの映画に登場するヒロインを思い浮かべることができる。これらの女性には、混沌とした感性があり、その身体を使って2人の男性の争いを解決しようとするのが、そのことにまったく無自覚なわけではなく、屈辱も感じている。ホルモンが活発で多感な時期の女性は、男性同士の暴力の原因となりやすい。そして、マー・シアオチンは、そのような女性の中で最も感情の強い1人であり、彼女と異なる時空で恋人となった2人の男性が狭い廊下で出会う運命となった。青春時代の最も激しいシーンにおいて、ジア・ホンシュンは忘れられない痛ましい笑顔を残し、ワン・チーウェンは大雨の中で傷ついた身体でパトカーの前に倒れる。ロウ・イエの、雨の中での犯罪シーンの象徴となった。

　映画の中には、現在も名声を博している監督ワン・シャオシュア

イも出演しており、これはフランスのヌーヴェルヴァーグの時代、若い監督たちがお互いを支え合った友情を思い起こさせる。おそらく、このデビュー時の共感が、初めての映画制作でのロウ・イエの才能を引き出しているのかもしれない。映画の冒頭、ジア・ホンシュンが週末の恋人に会いに行く、狭い階段のシーンでは、手持ちのカメラでの追い撮りがすでに行われていた。間違いなくロウ・イエは、映画のルールを無視しつつも、同時に新しいルールを作り上げるタイプの監督であるといえる。

　さらに私が驚いたのは、都市の空に浮かぶ一枚の紙が、さまざまな関係のない人々の運命を結びつけていることだ。たとえば、次のような人々の組み合わせだ。主人公のリーと彼女の現在の彼氏で一組。彼女の元彼氏とその仲間で一組。リーの親友とそのバンドの夫で一組だ。映画は、先に、親友と夫が部屋の中で喧嘩して別れるシーンを見せ、一枚の紙が窓から投げられる。軽やかに飛ぶ白い紙は、最終的に出所したばかりのアシーと彼の仲間の前に落ちる。この時のアシーは、友人からの情報で、遠くから彼女と彼女の新しい彼氏が通りで会っているのを見つける。空中に舞うこの紙は、彼によって手に取られ、リーの新しい彼氏にわたすためのメッセージが書きこまれる。何が書かれているのかは明確には描写されていないが、それを彼氏が遠くから読む。そして、彼は何ごともなかったかのように、それをポケットに入れて、買い物から戻った彼女を迎え、2人一緒に去った。この時点では、まだ彼は、彼女と親友の関係であり、彼がバンドのボーカルになることを知らない。元々関係のなかったこの3組の人々が、この出来事を通じて関わりを持つようになる。

　映画でのアシーの投獄と死は、全て、週末の恋人であるリーのせいのように見えるが、リーの後の独白では、彼らは遅かれ早かれ別れる運命にあったと語っている。しかし、彼らはその静かな結末を迎えることはなく、悲劇が繰り広げられる。「不是愛風塵、似被前

縁誤（風塵を愛むにあらず、前縁に被り誤るに似たり）」——ロウ・イエは後の「スプリング・フィーバー」で、この詞の一節を映画の中で引用している。これは彼の全ての作品における男女間の欲求が入れ替わる因果を示している。異なるのは、このデビュー作では、まだ多くの複雑な時代の要因が絡み合っていないことだ。映画の中のキャラクターたちは、社会の端に生きている者たちであることに間違いはないが、欲望と絶望が引き起こす暴力が常に互いに影響を与えていることに変わりはない。ゆえに、リーは、この悲劇を「ここに居過ぎた」ために生まれたものだとし、「新しい環境に身を投じ、新しい人々に会いたい」という彼女の願いが、希望で満たされてゆく。

「社会が私たちを理解していないのではなく、私たちが自分たちの生活している社会を理解していない」。ロウ・イエの初期の映画において、主人公は、最後に過去を振り返るか、未来に希望を持つか、そのどちらかに行き着く。これは後のロウ・イエの作品のキャラクターに見られない特徴だ。後のキャラクターたちは、過ちを正す前に、すでに取り返しのつかないことを起こしている。そして、生き残った人々も、その先にどれだけの時代や運命の嵐が待っているのかを予測できない。

DATE
デッド・エンド 最後の恋人
監督：ロウ・イエ
脚本：シュイ・チン
出演：ワン・チーウェン／マー・シアオチン
1994／99分／中国
原題：Weekend Lover 周末情人

ロウ・イエ　その軌跡

1965	・劇団員の両親のもと上海に生まれる。
1983	・上海華山美術学校アニメーション学科卒業後、 上海アニメーションフィルムスタジオでアニメーターとして働く。
1985	・北京電影学院映画学科監督科入学。
1994	・「デッド・エンド　最後の恋人」 ・第45回マンハイム・ハイデルベルク国際映画祭監督賞受賞
1995	・ほかの第6世代の監督らと共にテレビ映画のプロジェクト 「スーパーシティ・プロジェクト」を企画。 ・「危情少女　嵐嵐」
1998	・自らの会社、ドリーム・ファクトリーを設立。 中国初のインディーズ映画制作会社となる。
2000	・「ふたりの人魚」 ・第29回ロッテルダム国際映画祭タイガーアワード賞 ・TOKYO FILMex 2000 最優秀作品賞受賞
2003	・「パープル・バタフライ」 ・第56回カンヌ国際映画祭コンペティション部門正式出品
2006	・「天安門、恋人たち」 ・第59回カンヌ国際映画祭コンペティション部門正式出品 ・カンヌ国際映画祭で上映後、5年間の映画製作・上映禁止処分となる。
2009	・「スプリング・フィーバー」 ・第62回カンヌ国際映画祭脚本賞を受賞

2011	・「パリ、ただよう花」 ・第68回ヴェネツィア国際映画祭ヴェニス・デイズ正式招待 ・第36回トロント国際映画祭ヴァンガード部門正式招待 ・電影局の禁令が解け、中国本土で「二重生活」を撮影開始
2012	・「二重生活」 ・第65回カンヌ国際映画祭ある視点部門正式招待 ・中国本土での劇場公開では、電影局から暴力シーンの削除を求められ、 　最終的に「監督署名権」を放棄し自分の名前をクレジットから外した。 ・第7回アジア映画大賞（アジア・フィルム・アワード）最優秀作品賞ほか 　3部門を受賞
2014	・「ブラインド・マッサージ」 ・第64回ベルリン国際映画祭　銀熊賞芸術貢献賞受賞 ・第51回台湾金馬奨　作品賞、脚色賞、撮影賞、編集賞、音響効果賞、 　新人賞受賞 ・第9回アジア・フィルム・アワード　作品賞、撮影賞受賞 ・第6回中国監督協会　最優秀監督賞受賞 ・第8回アジア太平洋映画祭　審査員大賞受賞 ・第15回華語電影傳媒大奨　作品賞、監督賞ほか計6冠受賞 ・第15回ラス・パルマス国際映画祭　主演男優賞受賞
2018	・「シャドウプレイ【完全版】」 ・第55回台湾金馬奨　監督賞、撮影賞、音響賞、 　アクション設計賞ノミネート ・第69回ベルリン国際映画祭　パノラマ部門正式出品
2019	・「サタデー・フィクション」 ・第76回ヴェネツィア国際映画祭コンペティション部門正式出品

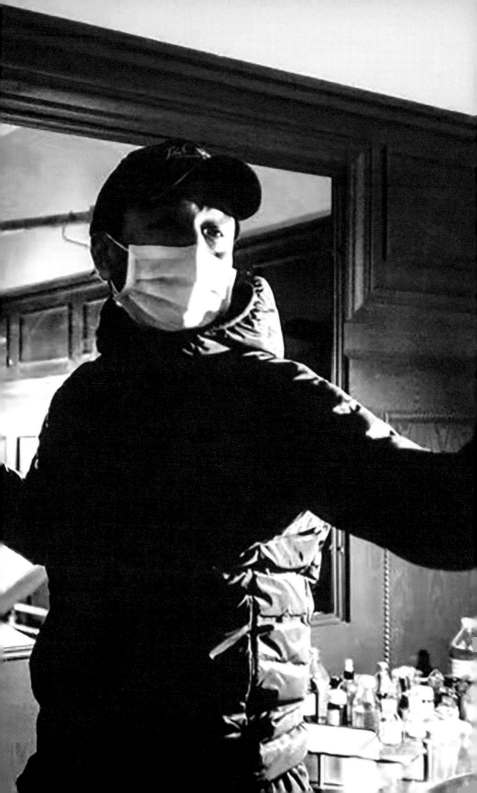

作家主義 婁燁

ロウ・イエ *Lou Ye*

2023年10月27日　初版第1刷発行

発行人	田中保成
編集統括	溝樽欣二
編集	小林淳一
デザイン	松田行正＋倉橋弘（株式会社マツダオフィス）
編集協力	山崎由美＋濱野奈美子
協力	浅井隆
特別協力	アップリンク

発行　A PEOPLE株式会社
〒160-0011
神奈川県川崎市麻生区上麻生3-15-1-304

発売　ライスプレス株式会社
〒151-0051
東京都渋谷区千駄ヶ谷3-55-18 リアルゲイトビル 2F
Tel 03-6721-0586

印刷　三永印刷株式会社

ISBN978-4-909792-45-7　C0074
Printed in Japan
©A PEOPLE2023

お問い合わせ　ap_info@apeople.jp